KB043828

왜 나만 착하게 살아야 해

왜 나만 착하게 살아야 해

착한 척, 괜찮은 척하느라
지쳐버린 이들을 위한 위로

김승환 지음

북카라반
CARAVAN

프롤로그

"상황이 그렇잖아. 네가 이해해"라는 말에 대해

초등학생 때 어머니가 새 신발을 사주셨는데도 학교에 신고 가지 않은 적이 있습니다. 친한 친구가 매일 똑같은 옷에 똑같은 신발을 신고 다니는데 저만 새 신발을 신고 가기가 싫어서였습니다. 그때 제가 왜 그랬는지는 모르지만, 아마 친구에게 미안해서였던 것 같습니다. 전혀 미안해야 할 일도 아닌데 말이죠.

고등학생 때는 부모님과 식사 후 추가로 시켰던 공깃밥이 계산되지 않아 20분이 넘는 거리를 다시 돌아가 계산하고 온 일이 있습니다. 아버지는 지금까지도 아들 자랑삼아 그때 이야기를 꺼내시곤 하십니다. 그리고 "이렇게 착해빠져서 이 험한 세상 어떻게 살려고 그러냐"며 저를 걱정하십니다.

"선배는 말 안 하고 있을 때가 가장 멋져"라는 후배의 말을 들은 후에는 꼭 필요한 말이 아니면 입을 다물고 있었습니다. "넌 〈생각하는 사람〉이냐? 왜 이렇게 수심에 가득 차 있냐? 웃어"라는 친구의 말을 듣고는 매일 웃었습니다. 그랬더니 "저기요. 사람이 진지하게 이야기할 땐 진지하게 받아들여야지요. 항상 장난인 거 같아요"라는 핀잔이 날아왔습니다.

저는 너무 어려웠습니다. 도대체 누구 장단에 맞추어야 할까요? 진짜 저는 어떤 사람일까요? 제 생각과 감정은 어디에 있는 걸까요?

어린 시절을 되돌아보면, 어른들은 여러모로 넘을 수 없는 벽 같은 존재였습니다. 부모님, 선생님, 동네 어르신까지 모두 조심해야 할 대상이었고, 그들의 호통과 꾸지람 앞에서는 붉어진 얼굴을 숙이고 잠잠히 경청해야 했습니다.

그러다 보니 내 마음이 어디서 온 것인지 몰랐고, 감정을 표현하는 것이 어색해졌습니다. 시간이 지나 제 감정을 알게 되었을 때는 표현할 용기가 없었고, 표현하지 못한 감정은 숨겨지고, 대신 다른 감정을 연기하게 되었습니다. 마치 가면을 쓴 것처럼요. 저는 잘 사는 줄 알았습니다. 정말 열심히 살았습니다. 하지만 잘 살지는 못했습니다. 제 속은 계속 꼬여가고 있었습니다.

문과가 적성에 맞았지만, 취업이 잘되는 이과가 낫다는 말에 고등학교 3학년 때 과를 바꾸었고, 대학 역시 취업이 잘된다는 주변 사람들의 말을 듣고 전자공학과에 들어갔습니다. 많은 사람이 그렇듯 제 삶은 부모님의 뜻이나 사회 분위기를 따라갔습니다.

하지만 대학교 1학년 1학기 이후로 가면을 벗기 시작했습니다. 정확히는 벗을 수 있었습니다. ABC로 나오는 성적표를 부모님이 읽지 못하셨기 때문입니다. 그제야 제가 하고 싶은 대로 했습니다. 대학에서 자유를 알았습니다. 초등학교 3학년 때 잘못 사 온 미술 준비물을 바꾸어달라는 말을 못해 하나 더 사야 했던 저인데 대학 축제 무대에서 MC를 보는 유명인이 되었습니다. 말하는 것에 흥미를 느낀 저는 아나운서를 꿈꾸게 되었습니다. 18번 낙방하고 전자 관련 대기업에 들어갔지만 6개월 만에 사표를 냈습니다. 그 후로 6년 동안 6번의 사표를 쓰고, 6번 직업을 바꾼 끝에 강사라는 7번째 직업을 갖게 되었습니다. 여행을 다니듯 즐겁게 전국을 돌며 강의하면서 많은 사랑과 관심을 받았습니다.

제가 좋아하고 잘 할 수 있는 일을 한다는 것은 정말 행복한 일입니다. 수많은 수강생의 박수와 호응도 감사했지만, 강의 후 보내주는 감사 문자메시지와 메일은 정말 저를 행복하게 했습니다. 가끔은 그 문자메시지나 메일을 통해 고민 상담까지 하면서 저의 자존감은 하늘을 향해 올라갔습니다.

많은 사람과 함께하면서 깨달은 점은, 많은 사람이 말 못하는 상처와 아픔을 안고 살아간다는 것과 그러한 고민을 들어줄 사람이 없다는 것이었습니다. 부모님과 사이가 좋으면 걱정하실까봐 말을 못하고, 사이가 좋지 않으면 하기 싫어서, 친구에게는 자신의 치부를 드러내는 것 같아서, 친한 친구에게는 했던 이야기 또 하는 것이 미안해서 자신의 상처와 아픔을 덮고 살아갑니다.

충돌이 생기면 누군가는 다칩니다. 가정과 사회생활에서 의견의 충돌, 성격의 충돌, 능력의 경쟁 과정에서 발생하는 충돌 등으로 인해 우리는 끊임없이 상처를 받습니다. 그리고 당연한 이야기지만 우리는 그 상처로 아파할 때, 위로받고 치료받기를 원합니다. 술은 지치게 만들고 유희는 공허감을 남기지만, 사람이 주는 위로와 감동은 다른 무엇보다 효능이 크다는 것을 알게 되었습니다. 그러한 위로를 좀더 많은 사람에게 건네고자 펜을 들었습니다.

chapter 1은 '나를 알아가는 과정'입니다. 착하다는 가면 속에 자기 생각과 감정의 자연스러운 흐름을 잃어가면서 발생하는 가족

관계, 대인 관계의 어려움과 그 상황을 객관적으로 관찰하는 방법을 엮었습니다.

chapter 2는 '나를 위로하는 과정'입니다. 내 인생은 누구의 것도 아닌 내 것이라는 점을 알아가며 자존감을 회복하고, 내 생각과 감정을 그대로 바라보는 방법과 표현법을 엮었습니다.

chapter 3은 '나를 성장시키는 과정'입니다. 내 감정을 분석하는 방법과 마음을 컨트롤하는 방법을 전해드립니다. 그리고 관계 속에서 힘들었던 상황을 개선하는 솔루션을 배우고 자존감을 키우는 과정을 엮었습니다.

chapter 4는 '타인과의 관계 성장 과정'입니다. 나를 알고, 위로하고, 성장했다면 그동안 힘들었던 관계 속에서 다양한 사례와 솔루션으로 자신을 한 단계 더 성장시키는 과정을 엮었습니다.

이 책에 실린 이야기는 저와 함께 수업이나 상담을 진행한 분들이 들려주신 이야기를 각색한 것입니다. 이름은 모두 가명입니다. 혹여 자신과 같은 이름이 나온다면 인연이라 생각해주시면 감사하겠습니다.

수많은 수강생의 이야기는 저에게 위로와 응원의 메시지였고 교과서이자 삶의 지침서였습니다. 제가 받은 위로와 응원을 독자들과 함께하려고 펜을 들었습니다. 쉼표 없는 악보가 없듯이 쉼표 없는 삶도 없습니다. 이 책이 여러분의 삶에 쉼표가 되었으면 합니다.

이 책을 집필하는 데 많은 도움을 준 전국 각지의 뜨겁고 순수한 수강생들, 그리고 제 글을 누구보다 객관적 입장에서 코치해준 사랑하는 아내 재영, 아들 기주, 딸 아영이에게 진심으로 감사의 마음을 전합니다.

2020년 1월

경기도 일산에서

김승환

차례

chapter 2. 내 인생은 내 것, 나부터 챙기자

생각과 감정 더미에 묻힌 '나'를 응원하기

chapter 3. 어떤 상황에도 흔들리지 않기를

상처투성이 과거로 돌아가지 않는 마음 훈련

chapter 4. 진심으로 당신과 잘 지내고 싶습니다
다 함께 행복한 소통의 기술

chapter 1.

왜 맨날 나만 이해해야 해?

생각과 감정을 잃어버린 '진짜 나'를 찾아보기

'착하다'라는
가면 속
지독한 외로움

왜 나는 '착한 사람'이 되었을까?

- "뭘 먹고 싶냐?"는 질문에 "아무거나"라고 말합니다.
- 거절을 못 해 가입한 보험만 해도 몇 개입니다.
- 웃기지 않은데 주변에서 웃으니 따라 웃습니다.
- 돈을 빌려주고 관계가 틀어질까봐 돌려달라는 말을 못합니다.
- 화가 나도 말로 표현하지 못하고, 남들이 먼저 눈치를 채도록 일부러 불편한 티를 냅니다.

혹시 "어? 이거 내 이야기 아니야?"라는 생각이 들지 않았나요? 착하다는 말을 듣지만 정작 본인은 공허하고 외로운 사람들이 있습니다. 이런 사람들은 '나를 특별히 싫어하는 사람도 없지만, 특별히 좋아하는 사람도 없어'라고 느낍니다. 그러면서도 '나'보다는 '너'를 우선으로 생각해야 한다는 강박관념에 '착한 사람', '성격 좋은 사람'이라는 평가에 집착합니다. 노래방에 가면 목록만 뒤척이다가 억지로 한 곡 부르고 서비스 시간을 주는 노래방 주인을 속으로만 원망합니다. 남에게 맞추어 살았기 때문에 딱히 좋아하는 음악 장르도, 영화배우나 감독도 없습니다. 이렇게 늘 '착한 사람' 가면을 쓰고 살아갑니다. 혹시 당신도 그런가요?

대학교 수업에서 만난 인국 님은 초등학교 6학년 때부터 중풍에 걸린 할머니와 함께 살았습니다. 할머니는 왼팔과 오른 다리를 움직이지 못하시고, 말도 잘 못하셔서 인국 님은 학교가 끝나면 바로 집에 와 할머니를 간호해드려야 했습니다. 화장실 가실 땐 접이식 변기를 이용하게 도와드리고, 배설물을 치우고 뒤처리하는 것도 인국 님의 몫이었습니다. 부모님이 맞벌이하셨기 때문입니다. 인국 님은 '가족이니까', '집에는 나밖에 없으니까 어쩔 수 없어'라고 생각했습니다. 그런데 당연하다고 생각했던 역할이 사춘기를 겪으면서 당연하지 않게 느껴졌습니다. 친구들은 학교가 끝나면 놀러 가거나 학원에 가는데 자신은 할머니를 돌보아드려야 하는 것이 짜증

나고 귀찮아지기 시작했다고 합니다.

결국 인국 님은 가출을 했습니다. 그런데 인국 님이 집을 떠나 있는 동안 할머니가 돌아가셨습니다. 인국 님은 집이 아닌 장례식장에서 할머니의 마지막 모습을 보았습니다. 장례가 끝난 후, 집으로 돌아온 부모님은 인국 님을 혼내지 않으셨다고 합니다. 오히려 부모님은 "그동안 할머니 돌봐드리느라 정말 고생 많았지. 아빠, 엄마는 이렇게 착한 아들을 둬서 정말 고맙구나. 그리고 미안하다"라고 하시며 인국 님을 안아주었고, 인국 님은 펑펑 울었다고 합니다. 인국 님은 자꾸만 이런 생각이 들었습니다. '나는 그런 아들이 아닌데……빨리 게임 하고 싶은 마음에 대충 돌봐드렸는데…….' 인국 님은 마지막 수업 때 이렇게 말했습니다.

> 우리는 왜 사랑하는 사람이 함께 있을 때는 잘 하지 못하고 그들이 떠나면 후회하는 걸까요? 그 이후로 전 가식의 가면을 쓰기 시작했습니다. 할머니께 제대로 된 손자 노릇을 하지 못했다는 죄책감, 그런 저를 칭찬해주시던 부모님에 대한 부채감 때문이었습니다. 남의 부탁을 거절하지 못하고, 착하게 보이려고 했습니다. 아니, 진짜 착해져야 한다고 생각했습니다. 하지만 후회는 항상 남았고, 무엇보다 너무 지쳐갔습니다. 그러다 이 수업을 듣

> 게 되면서, 제가 여태 왜 그런 행동을 했는지 깨달았습니다. 사실 저는 제가 가면을 쓰고 살고 있다는 사실조차 몰랐습니다. 그러나 이제는 알게 되었습니다. 그리고 죄책감에서 비롯된 가면을 벗어야겠다고 다짐했습니다. 저는 있는 그대로의 저를 받아들이려고 합니다.

그렇다면 '착한 사람' 가면을 쓰고 살아가는 사람이 인국 님뿐일까요?

현아 님은 초등학교 6학년 때 한 실수 하나로 8년 동안 무조건 착한 딸로 살아야 했습니다. 어느 날 친구가 현아 님에게 일진이 나를 찾는데 혼자 가기 너무 무서우니 함께 가달라는 부탁을 했다고 합니다. 친구의 부탁을 받은 현아 님은 흔쾌히 도와주겠다고 했습니다. 그러나 어머니께 친구들과 영화 보러 간다고 한 거짓말이 들통이 나서 친구를 도와주지 못했답니다.

친구는 일진에게 "예쁜 옷 입고 다니지 마라"는 괴롭힘과 함께 돈을 빼앗겼다고 합니다. 그 뒤로 친구는 현아 님의 전화를 받지도 않고 아는 체도 하지 않았다고 합니다. 현아 님은 어머니가 너무 미워져서 다른 번호로 어머니께 "죽어버려"라는 문자메시지를 보냈습니다. 번호를 바꾸었는데도 현아 님이 문자메시지를 보냈다는 사실을 안 어머니는 눈물을 쏟으면서 "속 한번 안 썩이더니 이런 생각을 했니? 내가 없어졌으면 하니?"라고 하며 하염없이 우셨다네요. 그 뒤로 현아 님은 사죄하는 마음으로 무조건 착한 딸, 말 잘 듣는 딸이 되어야 한다는 생각을 하게 되었다고 합니다. 친구와의 선약이 있어도 어머니 말 때문에 약속을 깨기도 하고, 학교에서 힘든 일이 있어도 혼자서 담아두었다고 합니다. 그래서 지금도 부모님의 꼭두각시 같다는 기분을 느끼며 살아가고 있다고 합니다.

사회 초년생 덕후 님은 고민이 많았습니다. "회사에서 대화를 먼저 시작해본 적이 없어요"라면서 입을 뗐습니다. 조심하느라 먼저 말을 한 적이 없다는 것입니다. 자신보다 나이가 많은 사람들과 이야기한 적도 없고요. 점심 메뉴를 정할 때도 항상 다른 사람 취향에 맞추고, 치킨을 먹을 때 다리가 좋아도 퍽퍽한 가슴살만 먹었답니다. 늘 다른 사람에게 맞추기만 했지 나를 배려한 적이 없었답니다. 대인 관계를 유지하려고 다양한 모임에 나가면서 모임마다 다른 성격인듯이 행동했답니다. 친구가 장난으로 한 말에 상처를 받아도 "장난으로 그런 거겠지, 악의는 없을 거야"라고 생각하며 그냥 넘어갑니다. 제가 물었습니다.

"내 의견이 아닌 상대방의 의견만 좇는 삶이 행복할까요?"

"당연히 행복하지 않겠죠."

"그럼 다음 주 수업 오기 전까지 약속 하나 할까요? 본인이 먹고 싶은 메뉴를 상사들에게 추천하는 것 어때요?"

"네, 도전해보겠습니다."

첫술에 배부를 수 없다고 했던가요? 덕후 님은 저와의 약속을 지키지 못했습니다. 하지만 덕후 님은 그 뒤로 자신의 의견을 제대로 말하려고 노력했고 점점 변화하는 자신의 모습을 보게 되었답니다. 상사가 메뉴를 물어보았을 때 "아무거나 잘 먹습니다"에서 "밥이면 뭐든지 잘 먹습니다"로 말이죠. 어느 날은 국수가 어떠냐고 물어보셨는데 얼떨결에 "오늘은 국수가 당기지 않습니다"라고 말하면서 놀랐다고 합니다. 덕후 님은 말합니다.

> 내 의견을 당당히 이야기하니 내 의견과 맞지 않은 친구들과는 연락이 점점 끊겼지만 그렇다고 불행하지는 않았습니다. 인간관계 때문에 머리가 아프지도 않고요. 그리고 내 이야기를 당당히 했을 때 통하는 친구들과는 더 가까워질 수 있었습니다.

괜찮은 척 가면을 쓰면 돌아오는 것

우리는 모두 어렸을 적에 받은 상처가 있습니다. 가정에서 받은 상처, 친구들이나 주변 사람에게 받은 상처가 가면을 쓰게 만듭니다. 인정받고 싶고, 최고가 되고 싶고, 친구가 많았으면 좋겠던 우리는 밝은 척, 괜찮은 척, 잘 하는 척, 잘 아는 척 행동했습니다. 그런 '척'들의 가면은 우리를 힘들고 외롭게 합니다. '척'으로 보이는 모습은 진짜 내가 아니니까요.

우리는 내 진짜 모습을 보이기 싫어서 가면을 쓸 때가 많습니다. 하지만 언젠가 가면을 벗어야 할 때가 옵니다.

그렇다면 우리는 주로 언제 가면을 쓰고 벗을까요? 잘 보이고 싶은 사람 앞에서 가면을 쓰고, 그러지 않아도 되는 사람 앞에서는 벗는 경우가 많습니다. 사회생활할 때는 가면을 쓰고, 가족 앞에서는 가면을 벗는 이유입니다. 다른 사람에게는 잘 하면서 가족에게만 유독 화를 잘 내는 아버지들이 있습니다. 사회생활을 하느라 쓴 가면을 벗을 수 있는 유일한 대상인 가족에게 화를 쏟아내는 것입니다.

연인이 다툴 때 "네가 이럴 줄 몰랐다. 너 이런 사람이었어?"라고 합니다. 가면을 벗은 진짜 모습이 보이기 시작했다는 의미일 것입니다. 항상 가면을 벗고 100퍼센트 순수하게 살 수는 없습니다. 하지만 내가 언제, 누구 앞에서 어떤 가면을 쓰는지 알아야 합니다. 그리고 그럴 수밖에 없었던 나 자신을 인정하고, 위로하고, 보듬어주어야 합니다. 그래야 좀더 얇은 가면으로 바꿀 수 있고, 가면을 벗을 때도 자연스러워져서 진실한 모습이 나오게 됩니다.

저는 〈골목식당〉의 백종원과 〈캠핑클럽〉의 이효리를 좋아합니다. 백종원과 이효리를 좋아하는 것은 저뿐만이 아닐 것입니다. 이 둘이 사랑받는 이유는 무엇일까요? 저는 가식 없고 꾸밈없이 있는 그대로 자신을 보여주는 '진실함'이라고 생각합니다. 이효리는 14년 만에 모인 핑클 멤버에게 나이 들어가는 자신의 모습을 스스럼없이 보여줌으로써 멤버들의 마음을 조금씩 열어갔습니다. 백종원은 방송에서 "사명감으로 하는 일"이라고 하며, 자신이 도와주려고 했으나 원래 모습으로 돌아가버린 백반집을 찾아가 분노하며 눈물을 흘립니다.

누구나 거짓이 아닌 진심을 원합니다. 그리고 꾸미지 않은 솔직함, 있는 그대로의 자연스러움을 원합니다.

밥은 먹고 다니니?

가족은 여러분에게 어떤 의미로 다가오나요? 저는 첫 책이 나왔을 때 가족에게 책 이야기를 하지 않았습니다. 아니, 할 수 없었습니다. 어머니가 뇌종양 수술을 앞두고 있었기 때문입니다. 12시간에 걸친 큰 수술 후 어머니는 우울증이 오셨고 퇴원 뒤에도 여전하셨습니다. 수술 전에는 두세 번은 먼저 전화를 하셨습니다. 레퍼토리는 항상 똑같습니다. "밥은 먹고 다니니?", "오늘은 어디 강의냐? 차는 가지고 다니지 마라".

그런데 수술 후에는 어머니에게서 전화가 오지 않습니다. 편하기도 했지만, 한편으로는 마음이 무거웠습니다. 제가 먼저 하면 되는데 말이죠. 그리고 얼마 뒤 졸음운전으로 고속도로에서 큰 사고가 났습니다. 갈비뼈가 부러지면서 폐를 건드려 기흉이 생겼고 숨을 쉴 수 없었죠. 급한 시술을 받은 후 입원해야 해서 구급차를 타고 가는데 전화 한 통이 왔습니다. '어머니'였습니다. 받지 않았습니다. 아니, 받을 수가 없었습니다. 팔에는 주삿바늘이 꽂혀 있었고 입과 코도 무엇인가에 덮여 있었습니다. 무엇보다 교통사고 사실을 알리고 싶지 않았습니다. 그런데 또 전화가 오는 것입니다. 어쩔 수 없이 입마개를 떼고 호흡을 가다듬고 아무 일 없었던 듯 전화를 받았습니다.

"승환아! 아무 일 없지? 어제 꿈자리가 사나워서."

전 아무 일 없다고 하고 회의 중이니 어서 끊어야 한다고 했습니다. 사실 말하고 싶었습니다. "엄마 나 교통사고 났어. 책 나오고 너무 열심히 다녔나 봐. 많이 힘들었나 봐. 고속도로에서 졸음운전 했어. 나 지금 입원하러 가고 있어." 하지만 힘들다고 부모님께 말한 적이 없었기에 마음속으로만 했습니다. 어머니는 어떻게 아셨을까요? 폐차를 해야 할 정도로 큰 사고였는데도, 2차 사고나 인명 피해가 없었다는 것이 불행 중 다행이었습니다. 하지만 그런 상황에서도 저는 여전히 '착한 사람' 가면을 쓰고 있었습니다.

저희 부모님은 동네에서 '법 없이도 살 분'이란 소리를 듣습니다. 그래서인지 어렸을 적 동네 어르신들은 저를 보면 머리를 쓰다듬어주시며 "어휴 그 집 아들이여? 착하게 생겼네"라고 하셨습니다.

전 착하게 살아야 하는 줄 알았습니다. 착하게 사는 것이 잘 사는 것이라는 확신은 꽤 오래갔습니다. 하지만 그것은 내 생각과 감정의 자연스러운 흐름을 역행하는 것이었죠. 오랫동안 내 생각과 감정은 내 것이 아니라 지금 내가 상대하는 사람의 것이었습니다. 다른 사람의 감정을 따라 살면서 저는 꽤 힘들어했습니다. 배려였지만 내가 빠져 있는 슬픈 배려였고, 착 하지만 내가 빠져 있는 답답한 착함이었습니다.

전 자신과 약속했습니다. "지금부터라도 내 감정과 내 생각의 자연스러운 흐름을 바라보자!", "나를 지켜주자! 나를 보듬어주어야 한다! 그것이 나 자신을 위한 것이고 또한 상대를 위한 것임을 잊지 말자!" 저는 그렇게 조금씩, 조금씩 내 감정과 생각의 흐름을 사랑하기 시작했습니다.

얼마나
서로를
할퀸 걸까?

관심이 필요했던 건데

"아버지를 안 보고 살 거예요. 죽일 듯 미워하며 사는 것보다는 낫지 않나요."

아직 앳된 티를 벗지 못한 20대 초반의 청년 상욱 님이 내뱉은 충격적인 말이었습니다. 무난하게 청소년기를 지내오고 평범하게 사는 것처럼 보였던 그는 아버지를 비롯한 가족에 대한 분노를 품고 있었습니다. 상욱 님은 겉으로 보기에 굉장히 적극적이고 활달한 성격이었지만 의외로 친한 친구가 하나도 없었습니다. 솔직하게 마음을 털어놓을 수도 없었고, 다른 사람과 깊은 관계를 맺는 방법도 몰랐습니다. 마음은 너무 힘들지만, 아닌 척하고 다녔다고 합니다. 상욱 님이 저에게 어렵게 털어놓은 가족의 이야기는 이랬습니다.

상욱 님의 여동생은 어릴 적 사고로 장애인이 되었다고 합니다. 그때부터 부모님은 딸을 보살피는 데 전력을 다했습니다. 상욱 님이 필요로 할 때 부모님은 한 번도 상욱 님의 곁을 지키지 못했죠. 초등학교 입학식도 여동생 때문에 상욱 님은 혼자였다고 합니다. 상욱 님은 부모님의 관심을 받고 싶어서 친구의 돈을 훔쳤습니다. 부모님의 눈길을 받고 싶은 마음이었지만, 상욱 님에게 돌아온 것은 "너까지 속 썩이면 어쩔 거야!"라는 호통과 아버지의 혹독한 체벌이었습니다.

아버지의 체벌은 상욱 님이 원했던 사랑이 아니었습니다. 상욱 님은 부모님을 독차지한 여동생이 원망스럽고 미워서 급기야 목을 졸랐고, 이를 본 아버지에게 죽도록 맞았습니다. 상욱 님의 소원은 어서 빨리 돈을 모아 아버지에게서 벗어나는 것입니다. 정확히는 지긋지긋한 가족에게서 벗어나는 것이죠. 한 번도 가족에게 포용받지 못한 상욱 님은 세상과도 담을 쌓고 있었습니다.

가족을 떠나면 마음의 고통에서 해방될 수 있을까?

저는 상욱 님에게 물었습니다.

"가족을 떠난다고 아버지에게서 해방될 수 있을까?"

"네! 당연하죠."

확신에 찬 답을 들으며 마음이 아팠습니다. 옛말에 거자일소去者日疎, 눈에서 멀어지면 마음에서 멀어진다는 말이 있지요. 상욱 님의 경우도 해당이 될까요? 정말 그럴 수 있다면 얼마나 좋을까요?

가족에게 받은 상처는 우리의 영혼 깊숙한 곳에 흉터를 남깁니다. 눈에서 멀어진다고 쉽게 해결되지 않습니다. 두려워서, 싫어서 회피해도 끈질기게 영향이 남습니다. 내 생활, 사고방식, 대인 관계 등 내 모든 세계에 영향을 미칩니다. 상처 때문에 자존감이 낮아지고 낮아진 자존감은 나를 세상으로 나아가지 못하게 합니다. 그야말로 악순환이 계속되는 거죠. 가족에게 받은 상처가 있다면 회피하지 말고 맞닥뜨려야 합니다. 고통스럽더라도 말이지요.

특히 상욱 님은 남자이므로 아버지의 역할 모델이 매우 중요합니다. 정신의학자 알프레트 아들러Alfred Adler는 『아들러의 인간이해』에서 "가정생활에서 아버지의 역할은 어머니 못지않게 중요하다. 생애 초기의 자녀와 아버지와의 관계는 어머니보다 덜 친밀하지만, 아버지의 영향력은 나중에 그 중요성이 드러난다"고 했습니다.

저는 상욱 님이 아버지의 곁을 떠나는 것보다 중요한 것은, 상욱 님의 마음이 아버지에게서 해방되는 것이라고 생각했습니다. 그래서 상욱 님에게 아버지와의 소통을 제안했습니다. 상욱 님은 처음엔 펄쩍 뛰었지만, 설득 끝에 그렇게 하겠다고 약속했습니다.

첫 소통은 문자메시지를 보내는 것이었습니다. "아버지 식사 맛있게 하세요. 아들 상욱 올림"이라고 보냈죠. 답장은 없었습니다. 그렇게 일주일에 2번 정도 문자메시지를 보냈고, 한 달이 지난 후 드디어 첫 답장이 왔습니다. "그래"가 다였습니다.

상욱 님은 아버지가 답장하셨다는 것에 신기해하고 반가워했습니다. 상욱 님은 내용을 좀더 업그레이드해서 문자메시지를 보냈습니다. "아버지, 그동안 키워주셔서 감사합니다"라고요. 답장은 없었습니다. 아버지의 무반응에 낙심한 상욱 님을 격려하며 꾸준히 문자메시지를 보내라고 권유했습니다.

그러던 중 상욱 님의 생일이 다가왔고, 상욱 님은 "생일 기념으로 아르바이트를 해서 부모님께 용돈을 드리고 싶어요"라고 하더군요. 아버지의 무반응에도 꾸준히 문자메시지를 보내면서 자신의 생일에 부모님께 감사의 마음을 보이려는 상욱 님을 전 열렬하게 응원했습니다.

마침내 상욱 님의 생일이 되었습니다. 하지만 가족 중 누구도 상욱 님의 생일을 기억해주지 않았습니다. 상욱 님은 낙심해서 부모님께 드리려고 준비한 용돈을 그냥 자신이 쓰겠다고 하더군요.

저는 "그동안 열심히 준비한 너 자신을 위해서라도 계획했던 대로 부모님께 드리면 어떨까?"라고 권했습니다.

상욱 님은 아버지에게 큰절을 올리며 편지와 함께 용돈을 건넸습니다. 아버지는 별다른 말없이 받더니 베란다에 나가셨다고 합니다. 아버지에게 무슨 말이라도 듣고 싶었던 상욱 님은 베란다로 향했는데, 아버지가 봉투를 손에 쥔 채 울고 있었다고 합니다. 처음 아버지의 눈물을 본 상욱 님은 아버지에게 닫혀 있던 마음을 조금씩, 조금씩 열게 되었다고 합니다.

가정에 예기치 못한 어려움이 닥치면 가족 구성원 모두가 충격과 상처를 받게 됩니다. 어려움의 크기가 크고 깊을수록 구성원 각자는 자신이 받은 충격을 추스르기 힘듭니다. 자신의 마음도 주체하기 어려운데 다른 사람의 상처를 안아줄 힘이 있을 리 만무합니다. 위로받고 싶지만 위로해줄 사람이 없는 안타까운 상황이 됩니다. 가족 구성원은 서로 상처를 주고받게 됩니다. 사랑과 배려, 응원이 아닌 날 선 무기와 같은 말로 서로를 공격하게 되죠.

상욱 님의 가족도 마찬가지였을 것입니다. 딸이 어느 날 갑자기 장애인이 되었고, 아버지는 딸을 보살피면서 주변을 둘러보지 못했을 것입니다. 오로지 딸이 건강하게 지내는 데 전력을 다합니다. 그 속에서 상처 입은 자신과 배우자, 아들을 돌아볼 생각조차 할 수 없었던 거죠. 아버지와 어머니는 상욱 님이 부모의 입장을 이해해주기를 바랐지만, 그것은 상욱 님에게는 일방적인 이해의 강요였습니다. 만약 부모님이 먼저 마음의 상처를 털어놓고 상욱 님의 아픈 마음에도 다가갔다면 어땠을까요? 상욱 님의 가족은 서로 마음을 합쳐 행복하게 지낼 수 있는 법을 찾았을지도 모릅니다.

상욱 님은 이후 아버지와 난생처음으로 단둘이 삼겹살에 소주를 마셨는데, 그 자리에서 아버지는 본인도 할아버지에게 맞고 자라 절대 자식은 때리지 않겠노라고 다짐했는데, 그러지 못해 미안하다고 말했다고 합니다. 상욱 님은 저에게 "아버지에게 꼭 사과를 받고 싶었는데, 아버지의 말씀을 들으니 마음이 복잡해졌어요"라고 했습니다.

이제 상욱 님은 소원대로 부모님에게서 경제적으로 독립했고, 누구보다 열심히 살고 있습니다. 상욱 님은 "독립하면 행복할 줄 알았는데 별다른 것이 없네요. 그래도 아버지 얼굴을 보는 것이 전보다 훨씬 편해졌어요. 여동생도 이제 밉지 않아요"라고 이야기해주었습니다.

가족이기 때문에 당연하다고 생각하는 것들이 있습니다. '다 이해해주겠지', '말 안 해도 알겠지', '용서받지 않아도 되겠지'라고 말이죠. 가족이니까, 같은 입장이니까 모든 상황을 알고 있으니 당연히 이해해줄 거라고 생각하는 것입니다. 하지만 어떻게 그럴 수 있을까요? 말은 해야 아는 것이고 마음은 꺼내놓아야 펼칠 수 있는 것입니다.

상욱 님 부모님이 처음부터 상욱 님과 솔직하게 속마음을 주고받고, 상욱 님의 마음을 어루만져주었더라면 얼마나 좋았을까요? 그래도 상욱 님과 아버지가 서서히 서로에게 다가갈 수 있게 된 것은 정말 다행입니다. 아버지는 삼겹살집에서 정말 용기를 내서 말씀하셨을 것입니다. 우리가 진짜 용기를 내야 할 일은 전율 넘치는 놀이 기구를 타거나 번지점프를 할 때가 아닙니다. 바로 오늘, 가족에게 내 마음을 진실하게 꺼내놓는 것입니다. 꾸미지 말고 있는 그대로 말입니다.

"차라리 혼자가 나을 것 같아요"

수지 님은 남자 친구와 헤어지겠다고 했습니다. 자신이 너무 싫어하는 아버지와 비슷한 행동을 남자 친구가 하기 때문이랍니다. 수지 님은 술에 취한 아버지가 어머니를 때리는 모습을 보고 자랐기에 '난 아빠 같은 남자는 안 만날 거야!'라고 다짐했는데 남자 친구에게서 아버지의 모습이 보인다는 것입니다. 남자 친구는 술에 취하면 옆 테이블 사람이 자신을 쳐다보며 무시한다고 시비를 걸고, "돈 많은 것들은!"이라며 가진 자들에게 덮어놓고 혐오 표현을 쏟아낸다고 합니다.

저는 "그런 남자 친구와는 헤어지는 게 좋습니다. 그런데 아버지를 먼저 인정하지 않으면 다음에도 똑같은 사람을 만날 수 있어요"라고 이야기했습니다. 수지 님은 그 말에 굉장히 화를 냈습니다. 생각만 해도 끔찍한 아버지를 인정하라니, 수지 님 입장에서 도무지 이해할 수 없었던 것입니다.

> 아버지를 그냥 받아들이고 수용하라는 말이 아닙니다. 그동안 아버지 때문에 너무 힘들어했던 자신을 위로해주고 이해해주라는 것입니다. 그것이 제가 말하는 인정입니다. 아버지를 그냥 봐주자는 게 아니라, 아버지라는 마음의 짐에서 해방되었으면 합니다.

아버지를 닮은 남자 친구를 만나서 힘들어하던 수지 님은 과거 아버지 때문에 상처 입었던 자신을 위로하고 이해하고 안아주기 시작했습니다. 자신의 마음을 진심으로 토닥이고 나니, 아버지의 모습도 서서히 보이기 시작했다고 합니다.

아버지는 어렸을 적 할아버지와 할머니에게 버림받고 우울증으로 고생했습니다. 그런데도 가족을 위해 노력하고 열심히 살았던 아버지, 그동안 아버지의 안 좋은 모습만 떠올렸는데, 이제는 아버지가 안쓰럽기도 하면서 좀더 입체적으로 아버지를 볼 수 있게 된 거죠.

수지 님은 결국 남자 친구와 헤어졌습니다. 사실 남자 친구의 비뚤어진 말과 행동 역시 남자 친구가 아버지에게 받은 상처에서 시작되었다고 합니다. 남자 친구도 수지 님과 같은 상처가 있었고, 수지 님은 자신과 닮은 모습에 끌렸던 거죠. 수지 님은 자신을 위로하고 안아주면서 마음의 짐에서 점차 벗어날 수 있게 되었고, 아버지와 헤어진 남자 친구 모두 조금이나마 이해하게 되었습니다.

이탈리아 파르마대학의 신경과학자인 자코모 리촐라티Giacomo Rizzolatti 교수는 우리 뇌에 거울 뉴런mirror neurons이 있어서, 다른 사람의 행동을 그대로 비추는 행동을 한다고 합니다. 다른 사람의 생각과 감정을 읽어내는 본능적인 능력이 있어, 단순히 아는 것이 아니라 똑같이 느낀다는 거죠. 다른 사람의 몸짓을 보거나 말을 듣는 것만으로도 마치 자신이 직접 행동하는 것 같은 느낌을 받습니다. 그래서일까요? 우리는 살면서 가장 많이 보고 산 사람, 즉 부모님과 닮아갑니다. 부모님과 닮아가고, 부모님을 닮은 사람을 만나죠.

"전 아버지가 너무 싫어서 정반대의 사람을 만났어요"라고 하는 사람도, 결국 부모님을 기준으로 반대인 사람을 만난 것이니, 부모님의 영향을 받았다는 면에서는 마찬가지입니다. 부모님을 좋아하든 미워하든, 그 영향을 받게 된다는 거죠.

다음은 대학생 혜연 님의 상담 메일입니다.

일주일에 3번 정도는 웁니다. 제가 왜 우는지 잘 모르겠어요. 부모님은 별거 중이시고 가정환경이 썩 좋지 않아 고등학생 때까지 죽고 싶다는 생각도 많이 했습니다. 그러던 저에게 절대 일어나지 않을 일이라고 생각했는데, 대학에 와서 너무나도 좋은 사람이 나타났어요. 이런 감정을 못 느끼고 이런 경험을 못할줄 알

> 았는데 너무 행복했습니다. 그런데 얼마 전 남자 친구와 헤어지게 되었습니다. 제가 너무 힘들어서 그 사람을 놓고 말았어요. 저에게는 너무나도 좋은 사람이었지만 제가 많이 외로웠어요. 제가 원하는 것을 그는 못해주었고, 그가 원하는 것을 제가 못해주었어요. 그 친구는 저랑 다르게 유복한 집안에서 태어났습니다. 제가 너무 피해 의식이 있는 것 같아요. 앞으로 다른 사람 만나기 힘들 것 같아요.

"서로가 원하는 것을 말해주었나요?"라고 묻자 혜연 님은 그러지 못했다고 합니다. 피해 의식은 상대방 때문에 느끼는 것인데 그 원인은 부모님과 가정환경에서 온 것이겠지요. 그렇다면 우선은 부모님을 만나 본인의 아픈 경험과 외로움 그리고 궁금한 점 등을 풀어야 합니다. 물론 그 과정은 힘들 것이고, 그런 경험을 하고 싶지 않을 수도 있습니다. 하지만 풀지 않으면 피해 의식은 더 커지게 됩니다. 다른 사람을 만나도 다시 그 피해 의식이 관계를 망쳐버릴 수 있는 거지요.

경마장의 말은 앞만 보고 달리라고 눈 옆에 가림막을 합니다. 피해 의식은 마치 그 가림막 같습니다. 가림막이 있으면 세상을 보는 시야와 사람을 대하는 시야가 좁아질 수밖에 없습니다. 가림막

안에 들어오는 사람하고만 친구가 됩니다. 부모님을 만나 풀 것은 풀고, 정리할 것은 정리해야 합니다. 그러면 가림막의 각도가 점점 넓어지겠죠. 살아온 날보다 앞으로 살아갈 날이 중요하니 자신의 피해 의식이 어디에서 왔는지 찾아서 해결하려고 노력해야 합니다. 누구를 위해서도 아닙니다. 나 자신을 위해서입니다.

대인 관계가 어렵다는 30대 중반의 직장인 성훈 님은 어렸을 때 식당에서 뛰어다니다 아버지에게 화장실로 끌려가 따귀를 맞은 일을 기억하고 있었습니다. 그 상처 때문에 결혼에 부정적이었습니다. 전 성훈 님에게 제안했습니다. 3주 뒤 수료 전까지 아버지에게 그때 그 일을 말씀드리는 것이었습니다. 2주 뒤 성훈 님은 아버지와 단둘이 술자리를 가졌고, 그때 그 일이 지금까지 상처로 남았다고 말했습니다. 아버지는 "내가 정말?"이라며 기억이 나지 않는다고 하셨답니다. 그리고 자신의 그때 행동은 잘못되었다며 후회한다고 하셨답니다. 성훈 님은 "이렇게 터놓고 꺼내놓으면 되는 것을 왜 그동안 못했는지 모르겠네요"라며 후회했고 결혼에 대한 부정적인 마음이 가라앉으며 조금은 편해졌다고 합니다.

우리는 가족이기 때문에 함부로 대하기도 합니다. 그래서 가족에게 받은 상처가 더 깊어 지워지지 않고 흔적이 남게 됩니다. 가족에게 사랑받지 못했다고 사랑할 자격도 없는 것은 아닙니다. 나 자신을 먼저 사랑해야 합니다. 내가 지금 힘들다면 그 사실을 인지하고 직시해야 합니다. 1970년대부터 외상 후 스트레스 장애PTSD를 연구해온 의학 박사 베설 판데르 콜크Bessel van der Kolk는 "트라우마를 극복하려면 상처에 대한 자신의 느낌과 감정을 견디면서 자신이 알고 있는 사실을 인지하는 법을 배우라"고 했습니다. 가족에게 받은 상처에 대한 자신의 느낌과 감정을 인지하고 용기 내서 표현해야 합니다.

가족은 가족이기에 가깝지만 멀게 느껴지고,
친밀하지만 외로운 관계입니다.
가족이라 기대의 크기만큼 상처도 크고 아픕니다.
가족은 다 그런 것 같습니다.
부모님의 18번을 아시나요?
부모님은 우리의 18번을 아실까요?

내가 좋아서 한 거야?
엄마가 좋아서 했지!

"힘들었지"라는 한마디

"차도에 뛰어들래요. 그러면 유학 안 가도 되잖아요."

5박 6일 리더십 캠프에서 항상 약봉지를 가지고 다녔던 고등학생 영준 님이 울면서 한 이야기입니다. 수업 중 질문도 잘 하고 대답도 잘 했지만, 친구들과 어울리지 못하는 학생이었습니다. 마지막 날 밤 영준 님은 숙소에서 한없이 울기 시작했습니다. 유학 생활이 너무 힘들다는 것이었습니다. 부모님께 말씀드리라고 했더니 걱정하시니까 안 된다고 합니다.

영준 님이 아버지에게 듣고 싶었던 한마디는 "아들, 많이 힘들었지"였지만 아버지는 절대 그런 말을 해주실 분이 아니라는 것입니다. 이 사연을 들은 어머니는 조심스레 남편에게 이 사실을 말했지만 돌아온 대답은 "누구는 유학 가고 싶어도 못 가. 어디서 약해

빠진 소리 하고 있어! 가서 공부나 열심히 하라 그래!"였습니다.

17년 동안 청소년 리더십 프로그램을 진행하면서 제가 깨달은 한 가지는 대한민국의 청소년은 부모님에게 2가지를 듣고 싶어 한다는 것입니다. "믿는다", 그리고 "힘들었지".

영준 님이 유학 떠나기 하루 전 집 앞 공원을 산책하며 대화를 나누었습니다.

"부모님께 유학 생활이 너무 힘들다고 왜 말을 못하니?"

"부모님께서 저를 위해 모든 것을 해주시는데 실망을 드리는 거잖아요."

본인이 원한 유학도 아니었다고 합니다. 모든 결정은 부모님이 내리고 영준 님은 따라가기만 한다고 합니다. 사촌 형도 같이 유학 중인데 사촌 형은 적응 잘 하고 공부도 잘 해 항상 비교된다고 합니다. 영준 님은 좋아하는 운동, 좋아하는 가수, 즐겨 부르는 노래, 그 어느 것 하나 제대로 대답하지 못했습니다. 저는 "넌 누가 뭐래도 소중한 존재이니 힘내라", "너는 너이기 때문에 소중한 사람이라는 거 잊지 말자!" 이 말밖에 해줄 수가 없었습니다. 청소년을 상담하다 보면 한계에 부딪힙니다. 학부모가 "그래서 당신이 내 자식 책임질 거요?"라고 하면 저는 더 할 수 있는 게 없습니다. 그래도 영준 님은 양손으로 하트를 보내며 "감사합니다. 강사님! 열심히 할게요"라고 말해주었습니다.

무엇이 감사하다는 것일까요? 캠프 마지막 날 자신의 고민을 들어주어서? 그리고 자신의 고민을 어머니와 함께 나누게 해주어서? 얼마 뒤 영준 님의 어머니에게 문자메시지 한 통을 받았습니다. 아들은 영국에 잘 갔고, 학교생활도 잘 한다고요. 제가 바라는 것은 영준 님이 누군가를 통해서가 아니라 직접 가족에게 마음을 표현하는 것입니다. 아버지의 대답과 반응에 상관없이 자신의 속마음을 표현할 수 있기를 기도했습니다. 그리고 부모의 선택을 따르는 것이 아닌 자신이 선택하고 책임질 수 있기를 기도했습니다.

사실 저는 영준 님에게서 저 자신을 보았습니다. 힘들어도 부모님이 걱정하실까봐 표현하지 않는 저 자신을요. 표현을 안 하면 부모는 자녀를 알지 못하고, 자녀는 부모를 이해할 수 없습니다. 부모는 자녀를 잘 안다고 착각하고, 자녀는 부모가 이해 못할 거라고 단정 지어버립니다. 자신의 가면은 못 보고 상대의 가면만 탓하게 됩니다. 자신의 가면을 인정해야 하는 이유입니다.

부모가 대신 살아줄 수 없는 내 인생

대응 님은 많은 사람이 선망하는 S전자에 합격했지만, 입사를 후회하고 있었습니다. 낮과 밤에 교대해가며 근무해야 하는데, 대응 님은 낮에 잠을 자지 못하는 체질이라 교대 근무가 유독 힘들었다고 합니다. 대응 님은 교대 근무에 적응하지 못하고 밤 근무가 있는 날에는 간신히 2시간 정도 자고 출근한다고 합니다. 수면 강박증으로 수면 리듬이 완전히 깨져버리고 수면제를 복용해야 잠을 잘 수 있는 상태까지 왔지만, 부모님을 생각하면서 '어찌 되었든 버텨보자', '죽을 때까지만 해보자'라고 다짐했다고 합니다.

그러나 사람이 잠을 못 자면 이상 현상들이 생기게 됩니다. 병원에서도 "이렇게 악화가 되었는데도 굳이 일하는 이유가 있나요?"라고 말했답니다. 대응 님은 '제가 최종 합격했을 때 부모님이 활짝 웃으셨는데, 그렇게 웃는 모습을 처음 봐서요'라고 말하고 싶었다고 합니다. 대응 님은 월급이 들어와도, 보너스가 들어와도, 회사에서 잘 했다고 인정을 받아도 잠을 편하게 잘 수 없으니 전혀 행복하지 않았다고 합니다. 회사에 다니면서 많이 울었다는 대응 님은 결국 사표를 내고 지금은 대학원에 다니고 있습니다.

학원에서 강의하는 것을 좋아했던 취업준비생 정혁 님은 대기업에 입사했습니다. 홀로 자기를 키운 어머니의 부탁을 저버릴 수 없었던 것이죠. 정혁 님이 워낙 뛰어난 강사였기 때문에 학원에서도 대기업에서 주는 연봉만큼 급료를 올려주겠다고 했지만, 어머니의 부탁에 결국 대기업에 들어갔습니다. 그런데 입사 1년 뒤 정혁 님이 저를 찾아왔습니다. 저는 어쩐지 그가 찾아온 이유를 알 것 같아 대뜸 이렇게 말했습니다.

"회사 그만두었구나?"

"네."

어머니가 그토록 원하시던 직장이었는데, 어떻게 그만두었을까? 저는 궁금해서 물었습니다.

"어머님을 어떻게 설득했어?"

"어머니가 먼저 그만두라고 했어요. 내가 너무 행복해 보이지 않는다고요."

자녀는 부모를 생각하고 부모는 자녀를 생각합니다. 그러나 때로는 서로의 진짜 마음을 모르고 자신의 생각과 상대방의 생각이 똑같다고 착각합니다. 하지만 부모가 자식의 인생을 대신 살아줄 수 없는 것처럼 자식도 부모의 삶을 전부 이해할 수 없습니다. 내 인생의 무대에서는 내가 주인공이어야 합니다. 부모는 서포트해주고, 믿어주고, 바라보며 응원해주는 역할이면 됩니다. 영준 님처럼 부모가 주인공이 되어버리면 영준 님은 부모가 원하는 역할을 하는 연기자에 불과하게 됩니다. 인생의 운전은 자신이 해야 하는데 부모가 대신해줍니다. 부모는 운전자가 아니라 내비게이션이 되어야 합니다.

예전에 제 수업을 들었던 분이 지인 이야기라며 해준 가슴 아픈 이야기가 떠오르네요. 그분의 고등학생 딸은 부모님과 같이 저녁을 먹고 갑자기 자기 방으로 들어가 창문으로 뛰어내렸습니다. 그리고 안타깝게도 짧은 생을 마쳤습니다. 딸의 편지에는 이렇게 쓰여 있었습니다.

"어머니가 대신 대학 가세요."

⊙

공무원을 준비하던 민욱 님은 자신이 좋아하고 잘 하는 일을 찾는 순간부터 고민이 깊어지기 시작합니다. 지적장애 2급인 누나를 생각해 공무원이 되어야 한다는 아버지의 말을 들어야 할지, 아니면 내 인생이니 내가 좋아하는 일을 해야 할지 고민이라고 했습니다. 전 물어보았습니다.

"공무원 떨어지면 누나나 아버지 탓 안 할 자신이 있어?"

"자신 없어요."

"공무원이 되고서도 힘들 때 가족 탓 안 할 자신이 있어? 후회 안 할 자신 있어?"

"없어요."

저는 또 물어봅니다.

"그동안 네 꿈을 위해 시간, 돈, 열정을 후회하지 않을 만큼 써봤니?"

"아닌 것 같습니다."

다 해봤는데 아니다 싶으면 공무원의 길을 가도 후회하지 않을 것입니다. 내가 선택하고 내가 결정했기 때문입니다. 전 민욱 님에게 깊이 고민해보라고 했습니다. 다음에 만났을 때 민욱 님은 자신의 꿈을 찾아간다고 했습니다.

우리는 항상 선택의 갈림길에 섭니다. 어떤 것이 올바른 선택인지 알려면 그것이 내게서 나온 것인지 고민해보아야 합니다. 가장 슬픈 일은 내가 가고 있는 이 길이 내 길인지 아닌지 모른 상태에서 열심히, 묵묵히 달리는 것입니다. 마치 브레이크 없는 자동차처럼 말이죠. 열심히 달려왔는데 이 길이 아니라는 것을 깨닫는 순간, 내가 선택한 길이라면 걸어온 길 속에서 나를 돌아볼 수 있습니다. 그리고 그 속에서 새로운 나를 발견하고 거기서부터 성장하게 됩니다. 하지만 가족 때문에 선택한 길이라면 자신을 돌아보지 않고 그 길을 선택하게 한 가족을 탓하게 됩니다.

가족 때문에 꿈을 포기하는 것은 주머니 속에 폭탄을 가지고 다니는 것이나 마찬가지 입니다. "난 가족을 위해 내 꿈을 포기했으니 모두 나를 인정해주고 바라봐주세요. 안 그러면 난 폭탄을 꺼낼 거예요. 이 폭탄은 내 꿈을 빼앗은 가족을 위한 거랍니다." 혹여나 가족을 위해 내가 포기해야 하는 것이 있다면 뒤끝 없이 깔끔히 포기해야 합니다. 가장 슬픈 것은 이도 저도 아닌 것입니다.

우리는 가족 때문에 상처받고 가족이기에 치유가 됩니다. 아무리 미워해도 가족이고 아무리 보기 싫어도 가족입니다. 우리는 '가족'을 다양하게 정의합니다. 어떤 사람은 'Family'가 'Father and Mother I love you'라는 의미라고 합니다. 또 어떤 사람은 부모와 자식은 애증의 관계라고도 합니다. 하지만, 생각해봅시다.

가족이라는 이유만으로 우리는 얼마나 함부로 대해야 합니까?
사랑이라는 이유만으로 우리는 얼마나 상처를 주어야 합니까?
"다 널 위해서 하는 말이야!"가 얼마나 큰 부담일까요?
홧김에 던진 말 한마디가 상대에게는 큰 상처가 된다는 것을
왜 헤아리지 못할까요?
"미안하다"라는 말 한마디가 왜 이리 힘든 걸까요?
가족이라 "이해하겠지"라는 말이 얼마나 큰 구속인지
왜 모를까요?
가장 잘 안다고 생각하는 가족이 가장 큰 착각이라는 사실을
우리는 왜 모를까요?
나 자신을 사랑하세요.
때로는 철저히 이기적일 필요가 있습니다.
모든 게 내 탓이 아니라 모두의 탓입니다.
가족은 그 모두의 탓을 1/n하면 됩니다.
내가 있기에 가족이 있고, 가족이 있기에 내가 있습니다.

모든 게
내 탓이라고
생각했어요

죄책감에서 벗어날 수 있을까?

뇌의 90퍼센트가 제 기능을 하지 못하는 뇌사 상태에 빠진 아버지를 간호했던 지혜 님. 병원에서는 "가망이 없으니 마음의 준비를 하는 것이 좋겠다"고 했고 지혜 님과 가족은 남은 10퍼센트에 희망을 걸어 수술을 진행했다고 합니다. 그렇게 아버지는 '바보'가 되었습니다. 거동도, 대소변도, 자기가 누구인지도 아무것도 모르는 바보. 지혜 님은 그런 아버지가 싫어 한동안 병원에 찾아가지 않았다고 합니다.

지혜 님 가족 모두는 경제적으로, 심적으로 점점 지쳐갔습니다. 한때는 '바보 아빠'가 우리 아버지가 아니었으면 좋겠다는 생각마저 했다고 합니다. 그렇게 투병 생활 2년, 중환자실을 나와 목에 꽂은 호스를 빼고 요양원으로 옮기는 날, 이동하던 응급차에서 아버지가 "지혜야", "지혜야", "지혜야"라고 반복해서 지혜 님을 불렀다고 합니다. 지혜 님은 아버지가 다시 건강해지는 줄 알고 매우 놀랐지만, 의사는 무의식 속에서 하는 말이라고 했습니다. 사람을 알아보고 하는 말이 아니라는 거죠. 아버지는 그렇게 한 달여 동안 "지혜야", "지혜야"를 외치다가 결국 가족 곁을 떠나셨다고 합니다. 지혜 님은 이렇게 말했습니다.

> 50년 넘는 자신의 인생, 추억, 그리고 본인마저 기억에서 잃었는데, 단 하나 잊지 않고 있었던 것이 제 이름 '지혜'였습니다. 전 한때 아버지가 우리 아빠가 아니기를 바랐는데 말이죠. 아버지께 죄송하다고, 사랑한다고 말하고 싶지만 이젠 할 수가 없습니다.

그 뒤로 지혜 님은 죄책감 때문에 항상 예의 바른 사람으로 살았다고 합니다. 생전의 아버지가 늘 예의를 강조하셨기 때문입니다. 지혜 님은 버릇없는 말과 행동을 할 때마다 아버지가 하늘에서 보고 계신다는 생각이 들었고, 죄책감이 자신을 더욱더 힘들게 했다고 합니다. 주변 사람이나 친구가 조금이라도 예의 없는 말과 행동을 하면 관계를 끊어버렸고, 자신이 혹시라도 예의 없는 말과 행동을 하면 수차례 변명했다고 합니다. 아무도 신경 쓰지 않는 사소한 실수였는데 말이죠. 저는 지혜 님에게 이 말을 꼭 전해주고 싶었습니다.

> 하늘에 계신 아버님이 지혜 님이 힘들어하는 것을 원하실까요? 한때 우리 아빠가 아니기를 바란 마음은 잘못이 아닙니다. 그때는 당연히 그럴 수 있어요. 아버님 또한 그렇게 생각하실 것입니다. 그러니 아버님의 생전 뜻을 따르는 것은 좋지만, 그 때문에 너무 괴로워지면 가끔은 자신을 풀어주세요. 그리고 힘든 자신을 안아주고 위로해주세요.

아동 정신분석학자 에릭 에릭슨Erik Erikson은 죄책감을 '내가 잘못된 선택을 했다는 책임감, 그 결과에 나 이외의 다른 누구의 탓도 할 수 없다는 인식'이라고 했습니다. 죄책감은 자신을 용서하지 못하는 마음입니다. 가정이 힘들면 부모와 자녀는 알게 모르게 서로에게 죄책감을 줍니다. 함께 상처받고 서로가 힘들면서도, 감당할 수 없기에 서로에게 힘듦을 전가합니다. 죄책감을 두고 벌어지는 싸움에서 당하는 것은 대부분 자녀입니다. 그래서 아이들은 무방비 상태로 죄책감에 힘들어합니다. 지혜 님은 가끔 꿈속에서 아버지를 만날 때 힘들다고 합니다. 지혜 님은 아버지를 편하게 놓아드리고 싶다고 했지만, 어쩌면 그 말은 아버지가 아닌 자신에게 하고 싶었던 말이었을 것입니다.

내 마음부터 챙기자

고깃집에서 아르바이트하는 대학생 경미 님은 설거지가 제대로 되어 있지 않다고 욕까지 하는 손님을 만날 때면 '남들이 보기에 나는 막 대해도 되는 사람처럼 보이나?'라는 생각이 들어 힘들었다고 합니다. 경미 님은 어릴 때 부모님이 이혼하고, 한 부모 가정이 되었을 때는 크게 문제라고 생각하지 않았고, 친구들에게도 늘 아무렇지 않게 이야기했다고 합니다. 하지만 중학생이 되면서 학원도 마음껏 다니지 못하고, 지원도 많이 받지 못해 창피하다는 감정이 들었고, 그런 감정을 속이는 가면 속에서 살았다고 합니다.

> 가면을 그만 벗고 싶어요. 힘들면 힘들다고 말하고 싶어요. 남들이 나에게 뭐라든지 그건 내 잘못이 아니라는 것을 깨닫고 싶어요. 그리고 삶에 어떠한 기준을 두지 않으려 합니다. 그 기준에서 벗어날 때마다 너무 힘들었고, 그러는 것이 싫었습니다. 그리고 부모님께도 용기 내서 말하려 합니다. 나 많이 힘들었다고…….

이 말을 하면서 경미 님의 눈에는 눈물이 그렁그렁 고이기 시작했습니다. 자존심의 가면 때문에 힘들었을 경미 님을 위로하고 응원합니다.

존 볼비John Bowlby가 창시한 애착 이론attachment theory은 주 양육자와 아이의 애착이 향후 인간관계를 형성하는 데 필수적이며 인격 발달과도 밀접한 관계가 있다는 이론입니다. 많은 상담을 통해 깨달은 한 가지는 어렸을 때의 상처가 지금의 관계와 밀접한 관계가 있다는 것입니다.

부모와 자식 간에 생긴 갈등을 해결하지 않거나, 상대방 탓을 하거나, 나만 참고 이해하면 된다는 식의 회피적 태도를 취하면 문제가 발생할 수밖에 없습니다. 성숙을 위해 고독한 시간이 필요하듯, 묻어두었던 상처를 이제는 꺼내야 합니다. 약도 발라주고 바람도 쐬어주다 보면 언젠가 새살이 돋아날 것입니다. 프라이팬에 눌어붙은 것은 물을 부어놓고 기다려야 지울 수 있듯, 우리도 차근차근 성숙해가면 됩니다.

남의 시선에
내 인생을
걸다

외모, 그게 뭐길래?

“외모 때문에 죽고 싶어요.”

대학생이 된 지 일주일이 된 형석 님이 어렵게 말을 꺼냈습니다. 형석 님은 초등학생 때 별명이 ‘프랑켄슈타인’, ‘100킬로미터로 달려가는 트럭에 깔린 오랑우탄’이었다고 합니다. 친구들과 잘 어울리지 못했고 학창 시절 극심한 왕따를 당해 고등학교 1학년을 마치고 자퇴해 검정고시로 대학교에 진학했습니다. 지긋지긋한 따돌림을 벗어났지만 형석 님은 여전히 같이 밥 먹을 친구 하나 없는 혼자입니다. 부모는 이혼했고 아버지와 누나와 함께 사는데 가족과의 소통은 거의 단절된 상태입니다. 면도칼로 극단적인 시도까지 한 적 있는 형석 님은 간절해 보였습니다.

“돈 벌면 가장 먼저 성형수술 하려고요.”

"왜 그렇게 하고 싶어?"

"친구들이 절 괴물 보듯 쳐다보는 게 너무 싫어요."

누구나 '자신만의 매력'이 있다

형석 님과 이야기하며 우리 사회가 얼마나 외모로 사람을 판단하는 데 익숙해져 있는지 절감했습니다. 겉으로 드러나는 모습으로 사람을 판단하고 자신의 기준에 미치지 못하면 폄훼해버립니다. 사람마다 미의 기준이 다른데도, 이상적인 외모를 정해두고 그렇게 생겨야 한다고 서로가 서로에게 강요하는 행위는 우리를 불행하게 할 뿐입니다.

저는 형석 님이 다른 사람들의 평가에 휘둘리면서 자신의 존재를 낮게 보는 것이 너무나 안타까웠습니다. 어떻게 해서든 형석 님의 매력을 발견하게 해주고 싶었습니다. 제가 보기에 형석 님은 충분히 매력적인 사람이었거든요. 저는 형석 님과 여러 방향으로 대화를 나누었고, 그가 자기 성장의 열쇠를 찾기를 바라며 제안했습니다.

"일단 카카오톡 프로필 사진을 바꿔보는 건 어떨까?"

형석 님의 프로필 사진은 지하철 앞모습이었는데, 철도에 뛰어들어 죽고 싶은 마음을 암시한 것이었습니다. 저는 형석 님을 설득해서 셀카를 찍어 올려보자고 했습니다. 약속한 지 2주일 뒤에서야 형석 님은 셀카를 올렸고 전 그의 마음이 전보다 좋아졌다고 느꼈습니다.

"강사님, 저 오늘 드디어 같이 밥 먹는 친구를 만들었어요. 친구 눈 보고 이야기도 했는데 생각보단 무섭지 않더라고요. 감사합니다."

저는 형석 님이 이렇게 노력할 수 있었던 계기가 궁금했습니다. 그가 '꽂힌' 한마디는 '너만의 캐릭터'였다고 합니다. 배우 이병헌처럼 되고 싶다고 한 형석 님에게 전 이렇게 말했습니다.

"영화에는 장동건이나 이병헌처럼 잘생긴 사람만 나오는 게 아니야. 다양한 배우가 나오지. 우리는 그것을 캐릭터라고 해. 너도 너만의 캐릭터를 찾길 바랄게."

그로부터 4년 뒤, 저는 형석 님을 다시 만났습니다. 그는 정말 멋지게 변했습니다. 성형수술은 하지 않고도요. 만나는 내내 자신감 넘치는 태도를 보였던 형석 님은 어떻게 외모 콤플렉스를 이겨냈는지 이야기해주었습니다.

첫 번째로 자신만의 캐릭터를 찾으려고 생각을 바꾸었다고 합니다.

"그래, 얼굴을 뺀 나머지가 내 외모의 90퍼센트가 넘으니 꾸며보자."

형석 님은 패션에 관심을 두게 되었고 자신의 매력을 최대한 발휘할 수 있도록 차려입는 방법을 연구했습니다. 옷을 잘 입는 법과 패션 아이템을 활용하는 방법을 블로그에 올리기 시작했습니다. 그는 블로그를 운영한 지 1년 만에 파워 블로거가 되었고, 많은 사람이 그에게 '당신처럼 옷을 잘 입을 방법을 알려달라'며 모여들었습니다. 이제 형석 님은 외롭지 않고, 이전에는 상상할 수 없었던 꿈을 꾸고 있습니다. 바로 패션 MD입니다. 이미 파워 블로거가 된 그에게는 불가능한 꿈이 아닐 것입니다.

사실 형석 님이 패션 MD가 되고 안 되고는 중요한 것이 아닙니다. 자신의 캐릭터를 만들어가고 있다는 것, 자신이 가장 보여주기 싫어했던 부분을 보여주고 싶은 부분으로 바꾸었다는 것이 중요합니다. 우리는 70억 인구 중에 유일무이한 소중한 존재입니다. 지구 상에 나와 똑같은 사람은 단 한 명도 없습니다. 지금 너무 힘들다면 혹시 누군가의 시선에 매여서 그런 것은 아닌지, 누군가와 자신을 비교한 것은 아닌지 확인해야 합니다. 신은 우리에게 1~2가지 이상의 달란트를 주었습니다. 그것을 찾아가는 과정이 바로 인생이 아닐까요? 남의 시선이 삶의 중심이 되면 남의 캐릭터에 자신의 삶을 맡기게 됩니다. 왜 소중한 내 인생을 남에게 맡겨야 하나요.

커피도 자기만의 향이 있고, 새도 자기 소리가 있습니다. 커피가 녹차나 둥굴레차가 될 필요가 없습니다. 참새도 제비가 될 이유가 없고요. 참새가 제비를 부러워하면서 제비 소리를 낸다면 어떨까요? 사람도 자기만의 향과 소리가 있습니다. 그것이 바로 내 캐릭터입니다.

저 역시 저만의 캐릭터를 너무나 찾고 싶었습니다. 그래서 남들이 부러워하던 안정적인 직장을 겁 없이 박차고 나갔습니다. 6년 동안 6번 사표를 냈고, 6가지 직업을 거치며 강사가 되었습니다. 첫 직장 동료가 저보다 4배 많은 연봉을 받아도 '비교 대마왕'이던 저는 아무렇지가 않습니다. 그 친구는 그 친구의 캐릭터로 사는 것이고 저는 저만의 캐릭터로 살아가는 것입니다. 내가 생각하는 단점이 누군가에게는 부러운 장점이 될 수도 있습니다.

남의 시선에 자신을 저당 잡히지 마십시오. 남이 일방적으로 강요하는 기준에 나를 끼워 넣지 마세요. 힘들더라도 남과 비교하지 않는 훈련이 필요합니다. 비교하지 않으면 판단하지 않게 되고, 판단하지 않으면 세상을 보는 시야가 넓어집니다. 남과 비교하는 에너지를 나에게 돌려 건강하게 사용해야 합니다. 지금 이대로의 나를 이해하고 감싸주어야 합니다. 나는 나이기에 소중하기 때문입니다.

두려움은 강박증으로

다른 사람의 말에 상처를 받고 다이어트를 시작한 은영 님의 이야기입니다.

> 저는 153센티미터에 53킬로그램이었어요. 통통해도 이만하면 귀엽지 않나, 인간적인 매력만 있으면 되지 않나, 생각하며 살았습니다. 그런데 스무 살이 되자 아르바이트를 구하려고 면접을 가는 족족 거절당했습니다. 더 큰 충격이었던 건 "야 넌 눈이 없냐? 그 다리로 제발 치마 좀 입지 마라. 눈 버렸다"라는 친구의 한마디였습니다.
>
> 큰 충격을 받은 저는 다이어트를 시작했습니다. 1년 후, 혹독한 다이어트 끝에 10킬로그램을 빼고 나니까 주변 사람들의 반응이

달라졌습니다. 구하기 힘들었던 아르바이트는 너무 쉽게 구해졌고, 친구들의 부러워하는 시선은 물론, 저에게 쌀쌀맞게 대했던 남자아이가 호감을 표시하는 일도 생겼습니다.

이런 사람들의 태도는 절 행복하게 했지만, 불안감이 생기기 시작했습니다. 다시 살이 찌면 예전과 같은 차가운 시선으로 나를 보지 않을까 하는 두려움이었습니다. 이 두려움은 점점 제 삶을 옭아매는 강박증이 되기 시작했습니다. 저울에 일일이 음식을 달아서 칼로리를 계산하지 않으면 식사를 할 수가 없었고, 작은 간장 그릇이 제 밥그릇이었습니다. 43킬로그램이었던 몸무게는 38킬로그램까지 빠졌습니다.

저는 거식증이었습니다. 하지만 거식증보다 심각했던 건 무월경이었습니다. 약 11개월간 월경을 하지 않았습니다. 의사 선생님은 "산송장이나 다름없어요, 정신력으로 걸어 다니는 것입니다"라고 하셨어요. 그런데 그때 저는 건강을 해치는 것보다 월경하지 않는 것보다 살이 찌는 게 무서웠고 죽도록 싫었습니다.

그런데 너무 참고 스트레스를 받은 탓인지, 식욕이 주체할 수 없을 정도로 폭발하기 시작하면서 폭식으로 이어졌습니다. 폭식한 후에는 온몸을 두들겨 맞은 것처럼 아팠고, 손가락 마디마디까지 부어서 평소에 끼던 반지도 들어가지 않을 정도였습니다. 배

부분은 옷이 스치기만 해도 열 감기를 앓는 것처럼 아팠습니다. 그렇게 먹으면서도 살이 찌는 게 두려워 구토까지 시도했습니다. 저는 거식증과 함께 심한 폭식증도 겪어야 했습니다. 폭식증은 약 반년간 지속되었습니다.

이 시간이 계속되고 한 달 만에 10킬로그램이 넘게 살이 쪄버렸습니다. 다른 사람들이 살찐 저를 보고 "재 요요 왔구나. 그럴 줄 알았다"라고 뒤에서 손가락질할 것 같았습니다. 점점 사람을 만나는 게 두려워지고, 집에 숨어 있는 날이 길어졌습니다. 저는 거울을 보는 것이 가장 싫었습니다. 거울을 보고 있을 때는 '내가 이 자리에서 사라지면 이런 내 모습을 보지 않아도 될 텐데' 라는 충동까지 들었습니다.

제가 다시 평범한 일상을 찾게 된 것은 "살쪄도 예뻐. 그대로도 괜찮아"라고 격려해준 친구 때문입니다. 분명 예쁠 리가 없었는데도 말입니다. 친구의 그 말은 어떤 사람에게는 내 외적인 모습이 중요하지 않다는 것을 알게 해주었습니다. 나를 잘 아는 사람들에게는 나를 판단하는 데 외모가 고려 사항조차 되지 않는다는 것을 알게 해주었고, 결국 내 곁에 있는 사람들은 내가 어떤 모습이라도 나를 떠나지 않는다는 것을 알게 해주었습니다. 걱정과는 다르게 지인들은 예전과 다름없이 저를 대해주었습니다.

집에 숨어 있는 날도 조금씩 줄어들기 시작했습니다.

제 이야기는 사실 해피 엔딩은 아닙니다. 무리하게 다이어트를 하는 분들에게 절대 자신을 사지로 몰고 가는 어리석은 다이어트 따위 하지 마시라고, 저도 다시는 어리석은 시간으로 돌아가지 않겠다고, 아직 자신 있게 말씀드릴 수는 없습니다. 저는 여전히 다이어트를 하고 있습니다. 다만, 다시는 저를 고통과 원망이 가득한 사람으로 몰고 가지는 않으려 합니다. 타인의 시선을 의식한 다이어트보다는 저 자신의 정체성을 찾기 위한 자기 관리를 하겠다는 뜻입니다.

저는 한때 죽으러 가는 사람이었는지 모릅니다. 세상의 편견을 원망하고, 두려워만 했기 때문이었습니다. 살찐 저를 사랑해주는 사람도 있었는데, 제 시선이 뚱뚱한 저를 비웃는 사람들에게만 향해 있었기 때문입니다.

제 이야기는 해피 엔딩도 새드 엔딩도 아닌, 현재 진행형으로 남겨두고자 합니다. 저 스스로 껍데기보다는 본질에 자신감을 갖게 되는 날까지, 적어도 내면과 외면의 줄다리기가 멋진 무승부가 되는 그날까지 열심히 자신과의 싸움을 해나갈 것입니다.

은영 님은 이 이야기를 전국 대학생 프레젠테이션 대회에서 털어놓았고, 수상까지 했습니다. 그리고 텔레비전 강연 프로그램에도 나가게 되었습니다. 은영 님은 지금 대기업에 취업해 열심히 직장 생활을 하고 있습니다. 남의 시선 때문에 스스로 만든 두려움과 강박증을 이겨낸 은영 님을 응원하며, 상처나 열등감은 숨겨야 할 대상이 아니라 당당히 만나야 할 대상임을 일깨워준 것에 감사드립니다.

남의 시선 따위, 과감하게 내다버리기!

항공 승무원이 꼭 되고 싶다는 하빈 님이 울면서 상담을 요청해왔습니다.

"왜 승무원이 되고 싶으세요?"

"꼭 보여주고 싶은 친구가 있어서요."

사연은 이랬습니다. 하빈 님은 절친한 친구와 함께 항공 운항과를 준비했는데 친구가 수능 한 달 전에 비서과로 과를 바꾸었다고 합니다. 수능 후 백화점에 쇼핑하러 갔는데 점원들이 친구에게 관심을 보이며 "승무원 하면 잘 어울리실 것 같아요"라고 했다는 것입니다. 친구가 "저는 비서과 지원했고 제 친구가 승무원되려고 해요"라고 말했는데 점원들은 하빈 님을 힐끗 보더니 다시 친구하고만 대화를 했습니다. 두 사람이 매장을 나오는데 점원들이 "요즘 외국 항공사는 얼굴 안 보고 뽑긴 하지"라고 소곤거렸고, 그 말을 들은 친구가 피식 웃었다는 것입니다.

평소 친구가 친하게 지내면서도 자신을 무시한다고 생각했던 하빈 님은 자존심이 많이 상하고 말았습니다. 하빈 님은 자신을 비웃은 친구에게 보란 듯이 승무원이 되는 게 소원이라고 했습니다.

하빈 님은 오직 친구에게 보여주기 위해 꿈을 정했습니다. 물론 친구에게 받은 상처가 꿈을 실현하는 원동력이 될 수도 있습니다. 하지만 타인이 삶의 중심이 되면, 내 마음과 몸의 에너지를 소비해 힘들 때 타인을 탓하게 됩니다.

하빈 님이 처음 친구에게 서운한 감정을 느꼈을 때 솔직히 표현했더라면 얼마나 좋았을까요? 하빈 님은 친구에게 한마디 못한 채 속을 끓였습니다. 정작 친구는 아무것도 모르는데 말입니다. 상처를 준 사람은 멀쩡한데 상처받은 사람이 속을 끓인다면, 억울하지 않나요? 그러지 않으려면 상처받은 것을 꼭 표현해야 합니다. 타인의 시선을 지나치게 의식하는 것은 자존감 부족 때문입니다. 자존감이 건강하게 확립된 사람은 어떤 환경과 평가 속에서도 나의 고유한 가치를 유지하려고 노력합니다. 타인에게 인정받고 이해받으려 힘쓰지 말고 내가 나를 먼저 인정하고 이해해주어야 합니다.

파울루 코엘류Paulo Coelho는 『연금술사』에서 "다른 사람이 당신을 어떻게 생각하는지 지나치게 신경 쓰지 마세요. 어차피 당신이 마음대로 바꿀 수 있는 것이 아닙니다"라고 했습니다. 남의 시선 따위는 과감히 무시해버리십시오. 남에게 피해를 주어도 좋다는 것이 아니라, 먼저 나를 위해야 한다는 뜻입니다. 우리는 이타적이어야 한다고 배웠지만, 타인의 시선만 정답이라 생각하면 힘들어집니다.

단체 사진을 보면 가장 먼저 누구를 보나요? 당연히 나를 봅니다. 언제 어디에서든 나부터 바라보아야 합니다. 눈치 보지 말고 용기 내서 내 안의 소리를 당당히 표현해야 합니다. '내 말에 상처받으면 어떡하지?', '내가 이렇게 말하면 저 사람이 나를 어떻게 생각할까?', '친구가 나를 떠나면 어떡하지?'라고 걱정할 필요 없습니다. 그런다고 떠날 사람은 어차피 친구가 아닙니다. 시간이 지나도 내 곁에 있는 친구가 진짜 친구입니다.

만약 당신이 절친한 누군가의 말에 상처받았다면 진심을 말하세요. 사람은 머리로 말하면 계산기를 꺼내지만, 가슴으로 말하면 마음의 문을 엽니다.

착한 게 아니라
참는 거예요

'척'하는 사람들

1년에 2번 취업 특강을 가는 대학교가 있습니다. 졸업반 400여 명 대상으로 6년 넘게 다녀도 학교 담당자를 한 번도 본 적이 없었습니다. 그런데 7년째에 드디어 취업 팀장님이 오셨습니다. 담당 팀장님이 먼저 말을 꺼냈습니다.

"강사님 맞으시죠?"

"네, 반갑습니다. 김승환입니다."

"오늘 KBS 뉴스 팀에서 촬영을 한다고 합니다. 그냥 편하게 강의만 하시면 됩니다."

순간 당황스러웠습니다.

"죄송한데 누구 허락받고 촬영을 오는 건가요? 전 허락을 안 했는데요."

팀장님은 당황하시며 "제가 허락했죠"라고 합니다.

'죄송합니다. 총장님이 오셔도 제 허락을 받아야 합니다. 지금부터 강의하는 2시간은 제 시간이기 때문입니다'라고 말하고 싶었습니다. 하지만 전 그냥 "네"라고 답했습니다.

전 갑자기 초라해지고, 창피해졌습니다. 강의에서는 "당당히 내 소리를 내십시오. 눈치 보지 마십시오"라고 했는데 말입니다. 저는 텔레비전 화면에 'FYC 연구소장 김승환'이라고 자막을 넣어준다는 말에 "감사합니다"라고까지 했습니다.

저는 항상 속으로만 말했습니다. 친구들끼리 중국집에서 식사할 때 짬뽕이 먹고 싶어도 짜장면으로 통일하자는 친구의 제안에 "어, 그래. 나도 짜장면"이라고 합니다. 그리고 속으로 '왜 통일하자고 그러지. 난 다른 거 먹고 싶은데 최소한 한 번은 물어보아야 하는 거 아니야?'라며 구시렁거립니다. 내 안에 구시렁구시렁이 쌓이고 쌓이면 기분이 우울해지더군요. 그러면 메뉴를 통일하자고 한 친구를 미워하기 시작합니다.

우리는 둘 중 하나를 선택해야 합니다. "나는 짬뽕"이라고 하고 쿨하게 먹거나, 아니면 짜장면을 맛있게 먹으면 됩니다. 가장 바보 같은 것은 배려하는 척 짜장면을 시키고 속으로 구시렁거리는 것입니다. 제가 그랬습니다. CF 카피 한 줄이 제 가슴에 대못을 박습니다. "좋은 친구란 친구가 좋아하는 것을 함께하는 것이 아니라 싫어하는 것을 함께하지 않는 것입니다." 싫으면 싫다고 말해야 친구도 나를 믿어줍니다.

어느 날 후배가 저에게 "선배님은 사람이 너무 좋아요. 그런데, 장난치고 싶어도 뭔가 막이 하나 있어요"라고 했습니다. '착한 사람'의 특징 중 하나는 쿨한 척 행동하고 말하지만, 그 안에는 구시렁구시렁이 꿈틀거린다는 것입니다. 구시렁구시렁은 쌓이고 쌓이면 결국 오해가 일어나게 됩니다. 말만 안 했지, 눈빛과 표정에서 불만이 다 보이는데 본인만 깨닫지 못합니다. 주변 사람이 하나둘 떠날 때, 그때라도 깨닫는다면 정말 다행입니다.

왜 사람들은 겉으로 표현을 못하고 속으로 구시렁댈까요? 원하는 것이 있다면 솔직하게 이야기하면 되는데 왜 그렇게 못할까요? 착한 척, 괜찮은 척, 아무렇지도 않은 척…… '척'하는 것은 왜일까요? 남을 배려하기 위해서가 아니라 나를 배려하기 위해서 '척'을 하는 것이 아닐까요?

모두가 짜장면을 말할 때 짬뽕을 외친 뒤 받는 눈초리가 싫고, 반대 의사를 밝혔다가 심적인 압박을 받고 싶지 않아서 '척'을 하는 것이 아닐까 합니다. 저처럼 '척'하는 사람들은 원치 않는 짜장면을 먹는 것이 심적 압박을 받으며 먹는 짬뽕보다 가치 있다고 생각하는 것 아닐까요? '척'하는 사람은 인간관계에서 안정을 추구하는 사람일 것입니다. 제가 가장 경계하는 것 중 하나가 다른 사람이 제게 부정적인 생각을 품는 것이었으니까요. 솔직하게 의견을 내는 것도, '척'하는 것도 어찌 보면 모두 자기 의사 표현의 하나일 뿐일 수도 있습니다.

참음은 열등감으로

선희 님은 고등학생 때 자신과 비슷한 점이 많은 단짝이 있었다고 합니다. 다이어리를 쓰는 것도, 예쁜 글씨체를 따라 쓰는 것도, 아늑한 카페를 좋아하는 것도, 희귀한 색깔 펜을 모으는 것도, 녹차 라테를 좋아하는 것도, 가사가 달콤한 음악을 좋아하는 것도, 여름밤 산책하는 것을 좋아하는 것도, 모두 비슷했답니다.

문제는 단짝에게 애인이 생긴 이후 시작되었습니다. "축하해, 그 친구 좋아 보이던데 언제 한번 같이 밥 먹자"라고 했지만 너무 속상했다고 합니다. '친구를 잃어버렸다', '세상에 나 혼자'라는 생각이 들면서 조금씩 열등감이 생기기 시작합니다. '걔는 그러고 보니 나보다 잘 하는 게 많네. 공부도 잘 하고, 사진도 잘 찍고, 카메라도 더 좋고, 남자 친구가 매일 데리러 오고, 다이어리도 매일 쓰고……그런데 나는 뭐지?', '나는 왜 아무도 없고 혼자지?', '왜 쟤 때문에 공부에 방해를 받아야 하지?'라며 혼자 열등감에 빠져 수많은 생각을 했다고 합니다. 결국 어색한 관계가 되었고, 선희 님은 대학에 입학하고, 친구는 재수를 택하면서 연락이 끊기고 친구 관계도 끝이 났습니다. 선희 님은 스스로 만들고 부풀린 열등감 때문에 친구를 잃었다는 생각에 괴로웠습니다.

혹시 친구가 잘되는 것을 진심으로 축하해주어야만 진짜 친구라는 말에 사로잡혀 있지는 않나요? 형제자매조차 자라면서 사소한 경쟁을 하는데, 친구도 당연합니다. 늘 관계가 좋을 수만은 없죠. 때로는 친구를 질투도 하고, 열등감에 사로잡히기도 합니다. 이때 자신의 마음을 인정해야만 친구 관계를 유지할 수 있습니다.

론다 번Rhonda Byrne의 『시크릿』에서 조 바이텔리Joe Vitale 박사는 "현재 환경에 구속되거나 사로잡히거나 갇혀버리는 사람이 매우 많다. 당신의 현재 환경이 어떻든지, 그건 현재 상황에 불과하다"라고 했습니다. 형제자매나 친구의 환경에 구속되거나 사로잡히지 말아야 합니다. 그들은 사로잡혀야 할 대상이 아니라 마주 보고, 함께 웃고 울어야 할 대상입니다. 시기와 질투를 하면 안 되는 것이 아니라, 시기와 질투는 나를 발견하고 친구를 인정하는 하나의 자연스러운 감정이라는 것을 알아야 합니다. 내가 상대에게 느끼는 시기와 질투처럼 상대도 나에게 그러할 테니까요. 요한 볼프강 폰 괴테Johann Wolfgang von Goethe는 "비교하면 지는 거다"라고 했습니다. 친구는 기쁠 때 함께 웃고, 슬플 때 함께 울어주는 만남의 대상이어야 합니다.

과거의 피해자가 오늘의 가해자로

"나이 처먹고 애쓴다"

중학생 대상 강의에서 있었던 일입니다. 책상 위에 다리를 올려놓고 수업을 듣던 2학년 학생이 제가 자기소개를 하자 이름을 다시 알려달라며 소리를 지릅니다. 그리고 황당한 상황이 일어났습니다. 제가 이름을 다시 알려주자 옆 친구의 뒤통수를 세게 치며 이름을 적으라고 윽박지르는 것입니다. 저는 못 들은 척 강의를 이어갔습니다.

예상은 했습니다. 그 자리에 모인 학생들은 주변의 학교에서 모인 소위 '불량 학생'이었기 때문입니다. 강의가 시작되자 한두 명을 뺀 나머지 학생들은 손거울을 보거나 옆 친구와 장난을 치거나, 엎드려 자기 시작했습니다.

전 학생들을 집중시키려고 외국 개그맨 흉내를 내면서 누구인지 맞추면 문화 상품권을 준다는 특단의 조치를 취했습니다. 그러자 60퍼센트 정도의 학생이 집중합니다. 전 '미스터 빈' 흉내를 냈습니다. 학생들은 잘 모르겠다며 한 번 더 해보라고 요청했고 전 더 과장된 표정과 액션으로 흉내를 냈습니다. 그런데 아까 그 학생이 맨 뒤에서 "나이 처먹고 ×× 애쓴다"라는 것입니다. 혼잣말이었지만 강의장에 있는 모두가 들을 수 있을 정도의 큰 목소리였습니다.

학생들은 키득거리기 시작했고, 전 순간 이성을 잃었습니다. '맨 뒤 학생! 지금 뭐라고 했죠? 당당히 일어나서 제 눈 보고 조금 전에 했던 말 다시 한 번 말해봐요. 못 하겠으면 나가세요. 학생 같은 사람은 제 강의를 들을 필요 없습니다'라고 속으로만 말했습니다. 그리고 못 들은 척 강의를 이어갔습니다. 처음에는 학생들이 미웠는데 이제는 저 자신이 미워지기 시작했습니다. 도저히 강의를 이어갈 자신이 없어서 일단 중단하고 쉬는 시간을 20분 주며 마무리했습니다. 담당 선생님이 달려 나오시더니 제 팔을 붙잡고는 저를 달랬습니다. "선생님! 많이 당황하셨죠. 죄송합니다. 강사님들이 다 상처받고 돌아가시네요. 그런데 강사님, 이해해주세요."

순간 '뭘 이해하라는 거지? 그리고 상처받을 것을 알면서 왜 나를 초대했지?'라고 생각했습니다. 담당 선생님은 "우리 아이들은 부모님이 안 계시거나, 편부모 밑에서 자랐어요. 가정이 어려워서 일찍부터 아르바이트하고 그러다 못된 형들 만나 여기까지 오게 되었어요. 이 아이들이 뭐가 잘못이 있을까요? 다 환경 때문이죠"라고 하셨습니다.

그때 제게 심한 말을 했던 학생이 양손을 바지에 넣고 껄렁껄렁 제게 다가왔습니다. 순간 당황했는데, 학생이 "저기요 아깐 ××열 받았죠? 이해하세요"라며 거만하게 툭 던지고 돌아갑니다. 그 순간 이런 생각이 떠올랐습니다. '저 친구가 지금 나한테 사과한 거 맞지? 자세와 말투는 좀 그렇지만…….' 저는 그 학생을 불러 이름을 물었습니다.

"저요? 관심 끄세요."

그래도 전 포기하지 않았습니다.

"철수……."

겨우 학생의 이름을 알아낸 저는 계속 물었습니다.

"철수야, 네 꿈이 뭐니? 아, 꿈은 너무 거창한가? 그럼 하고 싶은 건 뭐야? 관심 가는 거 있어?"

"꿈이요? 제가 좋아하는 거요? 잠시만요. 보물 1호 가지고 올게요."

당황스러웠습니다. 이번에도 무시할 줄 알았는데 눈빛이 달라지면서 '보물 1'호를 가지고 와야 한다며 숙소로 뛰어가는 태도에 놀랐습니다. 잠시 후 철수가 가져온 것은 디지털카메라였습니다. 철수는 카메라에 담겨 있는 사진들을 보여주었습니다. 축구 경기를 하는 모습이었습니다. 그런데 사진을 보여주며 신나게 설명하던 철수의 눈빛이 갑자기 사나워지더니 화를 냈습니다.

"나 이제 축구 못해."

"왜?"

"그 여자 때문에!"

"어떤 여자?"

"엄마!"

"왜?"

알고 보니 철수는 축구 시합에서 덩치 큰 선수에게 태클을 당해 발목이 부러졌습니다. 수술을 하려면 보호자의 동의가 필요했는데, 아버지는 안 계시고 시장에서 행상하는 어머니는 연락이 늦게 되었습니다. 그래서 지금은 축구를 못하게 되었다고 합니다. 철수는 사진을 계속 보여주다가 어떤 사진에서 멈추더니 말했습니다.

"저 다른 꿈이 생겼어요."

수술 후 좋아하는 형의 결승전 시합에 갔는데, 그 형이 자신이 가장 차고 싶었던 바나나 킥으로 결승 골을 넣었다는 것입니다. 철수는 목발을 짚고 그 형에게 달려갔습니다.

“형, 어떻게 찬 거야? 발끝 느낌 어땠어? 세리머니는 미리 준비한 거야?”

철수는 자신은 이제 느끼지 못하는 그 감각을 말로라도 느끼고 싶어 형의 말을 꼼꼼하게 적었다고 합니다. 그리고 그때부터 축구 선수를 전문적으로 따라다니며 글을 쓰는 스포츠 기자가 되고 싶다는 꿈을 꾸게 되었답니다.

철수의 눈빛은 맑아졌고, 강렬했습니다. 그렇게 쉬는 시간이 끝나고 두 번째 50분 강의를 하는데 시간이 너무 빨리 지나갔습니다. 처음 20분은 20시간처럼 느껴졌는데 신기한 일입니다. 학생들의 태도가 바뀐 것이 아니라 제 태도가 바뀐 것을 알았습니다. 나머지 학생들은 여전히 자거나 장난치고 있었지만 철수는 다리를 책상에서 내리고 책상을 가슴 앞으로 당겨 제 강의를 집중해서 듣고 있었기 때문입니다. 전 철수만 보고 강의를 한 듯합니다. 강사가 된 것에 감사함을 느끼고 배우는 강의였습니다.

"제 꿈 들어준 거 처음이에요"

강의가 끝나자 철수가 저를 찾아왔습니다. 쑥스러운 듯 머리를 긁적이며 "아이씨 할 말 있는데 쑥스럽네"라며 말을 못하고 머뭇거립니다.

"뭔데? 무슨 이야기하려는 건데? 어서 해봐."

제 말에 계속 머뭇거리던 철수는 제 눈을 마주치지 못하고 땅을 보며 말합니다.

"감사합니다."

"……."

철수에게 감사하다는 말은 엄청 어려운 말인 듯했습니다.

"철수야 뭐가 감사한데? 그 이유를 이야기해야 내가 감사를 받지."

그러자 또 머뭇거리더니 용기를 내서 말합니다.

"태어나서 제 꿈 들어준 거 강사님이 처음이에요."

철수는 눈물을 흘립니다. 몸이 흔들릴 정도로 웁니다. 저는 일어나 철수를 안아주었습니다. 저도 모르게 눈물이 나옵니다. 전 물어보았습니다.

"그동안 철수에게 꿈 물어본 사람이 없었어?"

"아니요, 있었어요."

"그런데 왜 말 안 했어?"

"하기 싫었어요."

그동안 철수가 들었던 질문은 "철수야 넌 커서 뭐가 되려고 이 모양이냐? 네가 퇴학당하면 반 평균이 올라가겠다"처럼 철수를 무시하고 인생의 낙오자 취급하는 것뿐이었답니다. 이런 질문을 듣는 아이는 철수만이 아닙니다.

어느 날 오토바이 사고를 내서 문제아로 찍힌 학생도 있었습니다. 그 학생에게 "오토바이를 타면 위험하지 않니?"라고 물었더니 돌아온 대답이 충격적입니다.

"죽으면 되죠. 뭐! 저 죽어도 아무도 관심 없어요."

이 친구는 그동안 무슨 말을 듣고 자랐을까요? 사회는 과연 이 학생들을 이해하려고 했을까요? 가족이나 세상이 어떠한 틀을 정해놓으면 우리는 그 틀 안에서만 살아야 할까요?

안타깝게도 제가 이 학생들을 만났던 강의는 지원금 문제로 더는 열리지 않습니다. 저는 3년 동안 철수와 같은 학생들을 만나면서 배운 것이 정말 많습니다. 태어날 때부터 문제아는 없다는 것입니다. 가족과 사회의 무관심이 그들에게 상처를 주었고, 그들에 대한 선입견은 그들이 자신을 포기하게 했습니다. 그러나 그들의 꿈을 누구도 무시할 수 없으며, 어떠한 꿈이라도 존중해주어야 하고 꿈은 사람을 바꿀 수 있다는 것을 알게 되었습니다. 그리고 내가 아무 생각 없이 던진 한마디가 누군가에게는 전부고 우주일 수 있다는 것을 배웠습니다. 그들은 저의 선생님이었습니다.

이 세상 누구도 이 학생들을 이해하려 하지 않는 듯합니다. 억울함과 상처가 쌓인 아이들은 자신의 상처를 다른 아이들에게 상처 주면서 풀려고 하거나, 규칙을 어기며 과격한 행동으로 해소하려고 합니다. 우리는 분명히 알아야 합니다. 누군가를 험하게 대하면 그 사람은 험한 사람이 되고 누군가를 막 대하면 그 사람은 막되어먹은 인간이 됩니다. 반대로 누군가를 사랑으로 대하면 그 사람은 사랑스러운 사람이 됩니다. 아름답다고 말하면 아름다운 사람이 됩니다. "내가 그의 이름을 불러주었을 때 그는 나에게로 와서 꽃이 되었다"라는 시처럼 우리는 이제부터라도 거울 속에 비친 자신을 보고 말해야 합니다.

"넌 사랑스러운 존재야. 넌 꽃이야."

"피해자가 되기 싫어 가해자가 되었어요"

자신이 과거에 한 행동을 후회하는 고등학생 수정 님의 이야기입니다. 2학년 2학기가 시작되면서 수정 님의 같은 반 학생 한 명이 학교에 나오지 않았습니다. 아니 못 나왔습니다. 자살했기 때문입니다. 그 학생은 심하게 왕따를 당했고 수정 님은 가해자 중 한 사람이었습니다.

왕따당한 친구가 학교에 나오지 않게 된 그날 수정 님은 죄책감에 휩싸인 채 중학교 시절을 떠올렸다고 합니다. 수정 님은 중학생 때 심한 왕따를 당했습니다. 급식 시간에 밥을 먹고 있으면 아이들이 자신의 식판에 침을 뱉었고, 자신의 머리에 치약을 바르고, 어느 날은 갑자기 의자가 사라지기도 했다고 합니다. 수정 님은 죽고 싶은 순간이 한두 번이 아니었다고 합니다.

고등학생이 되면서 욕을 배우고, 잘 노는 아이들에게 잘해주고, 술·담배도 배우면서 왕따에서 벗어나 유명인이 되었답니다. 약한 사람을 괴롭히기 시작한 것은 그때부터였다고 합니다. '나는 너네랑 달라. 나는 이제 왕따가 아니야. 나는 친구도 많고 힘도 세'라는 생각이었던 거죠. 괴롭히고 때리지 않으면 예전으로 돌아갈까 봐, 날 우습게 볼까봐 그랬다고 합니다.

수정 님은 자신이 괴롭힌 학생이 학교에 나오지 않은 그날을 잊으려 해도 잊을 수 없다고 합니다. 수정 님은 자신과 같이 왕따 가해를 했던 친구들에게 자신의 옛날이야기, 왕따당하고 상처받은 이야기를 하고 친구들을 설득해 다시는 다른 아이를 괴롭히지 않았다고 합니다.

수정 님은 자신이 왕따를 당해 힘들었을 때 자신이 얼마나 힘든지 이야기를 들어줄 한 사람이라도 있었다면 상황이 달라졌을 거라고 합니다. 수정 님은 자기가 왕따를 당한 것은, 자기 탓이라고 믿고 있었습니다. 자기가 어리숙하고, 말도 재미있게 못하고, 다른 친구들에게 먼저 다가가 말을 붙이지도 못했기 때문이라는 것입니다. 그 감정의 소용돌이에서 나오지 못한 수정 님은 어쩌면 살고 싶은 몸부림에 가해자가 되었을 것입니다. 그렇게 피해자가 가해자가 되기도 합니다.

지금 내 앞에 있는 사람의 눈을 보세요. 그리고 그 사람의 눈동자 안에 있는 자신을 보세요. 내가 행복하기를 바라는 것처럼, 상대도 행복하기를 바랍니다. 내가 사랑받기를 바라는 것처럼, 상대도 사랑받기를 바랍니다. 내가 바라보는 그 눈동자에는 다른 사람이 아닌 바로 나 자신이 있습니다.

chapter 2.

내 인생은 내 것, 나부터 챙기자

생각과 감정 더미에 묻힌 '나'를 응원하기

두꺼운 가면
찢어버리기

'가짜 나'로 산다는 것

저는 지금까지 직업을 6번 바꾸었습니다. 강사는 7번째 직업입니다. 제가 직업을 6번이나 바꾸면서 찾고 싶었던 것은 무엇이었을까요?

사표를 낸 이유는 나답게 살고 싶었기 때문입니다. 내가 하고 싶은 일을 하면서 나답게 사는 것이 제 꿈이었습니다. 내가 원하지 않는 일을 하며 가면을 쓰고 행복한 척 살고 싶지 않았습니다. 남들이 괜찮다고 하는 인생, 그 시선을 따라서 살고 싶지 않았습니다. 남들 눈에 작아 보이더라도 내가 살고 싶은 삶을 살고 싶었습니다. 눈칫밥을 먹고 대인기피증을 겪으면서도 버틸 수 있었던 것은, 사표를 6번이나 낸 내 결정을 후회하지 않았기 때문입니다.

내 인생은 내가 살아가야 합니다. 많은 사람이 6번의 사표가 쉬운 결정은 아니었을 텐데 어떻게 가능했냐고 물어봅니다. 전 제가 하고 싶고, 잘 할 수 있는 일이 있었기 때문이라고 말합니다.

제가 선택했기에 선택에 따른 결과도 제가 책임져야 했습니다. 그러면서 저 자신을 알아갔습니다. 남이 시켜서 하는 일은, 결과에 대한 책임을 시킨 사람에게 돌리게 됩니다. 그래서 내가 누구인지 알지 못합니다. 전 다양한 아르바이트와 대학 활동을 통해 저만의 스펙을 쌓아갔습니다. 이를 통해 제가 무엇을 하면 신나게 일할 수 있는지, 무엇을 할 때 시간 가는 줄 모르고 집중하는지를 알 수 있었죠. 그러니 사표를 과감히 던질 수 있었던 것입니다.

많은 직장인이 사표에 대해 고민합니다. 사표를 내는 데는 분명히 이유가 있겠지만, 자신이 정말 좋아하는 일을 찾기 위한 행보였으면 좋겠습니다. 단지 힘들어서, 버티기 어려워서가 아니라 정말 자신의 길을 가기 위한 움직임 말입니다. 가면을 쓰며 사는 것보다는 과감하게 찢어버리고 힘들더라도 민얼굴로 세상에 나와야 합니다.

우울한 이유를 찾아보세요

"우울한데 이유를 모르겠어요."

기업체 교육 중 자신의 조를 1등으로 이끈 '분위기 메이커' 준식 님의 의외의 한마디였습니다. 준식 님은 너무 우울하고 마음이 힘든데 원인을 알고 싶다고 했습니다. 몇 번의 상담을 통해 찾은 원인은 뜻밖에도 여자 친구의 기대와 칭찬이었습니다.

"오빠는 사람들 앞에서 말할 때 제일 멋있어."

준식 님은 대학생 때 총학생회 기획부장을 맡았다고 합니다. 지도력 있고 분위기 이끄는 모습에 여자 친구가 먼저 사귀자고 했답니다. 여자 친구가 그런 자신의 모습을 사랑하기에 그런 모습을 계속 보여주고 싶었지만, 사실 준식 님은 소심하고 내성적인 성격이었다고 합니다.

초등학교 4학년 때 부모님이 이혼한 이후 오히려 늘 괜찮은 척, 밝은 모습을 보여주려 노력했고 그럴 때마다 친구들이 재미있다며 좋아했고 준식 님을 따랐습니다. 그런 경험 때문에 준식 님은 힘든 일이 있어도 여자 친구에게는 내색하지 않고 혼자 앓았으며, 슬픈 일이 있어도 밝은 척했다고 합니다.

가면을 쓰고 살아간다는 것은 마음과 몸이 함께하지 않는다는 뜻입니다. 가면을 쓰고 살아가면 어떻게 될까요? 자신은 점점 사라지고 가면만 남습니다. 얼마나 힘들까요? 가면을 쓴 사람은 점점 마음이 공허해지고, 그를 지켜보는 사람들은 "저 친구의 속내를 도무지 모르겠어"라며 오해하게 됩니다. 밝은 척 안 해도 올 사람은 오고 갈 사람은 갑니다. 남의 시선보다 내 마음이 가는 대로 말하고 행동하는 용기가 필요합니다. 그 모습과 통하는 사람을 분명 만나게 될 것입니다. 전 준식 님에게 가장 먼저 여자 친구에게 자신의 힘듦과 슬픔을 말하라고 제안했습니다.

"헤어지자고 하면 어떻게 해요?"

"그럼 헤어지는 것을 진지하게 고민해야죠. 여자 친구가 당신 자신을 사랑해주길 바랍니까? 아니면 당신의 분위기 메이커 역할을 사랑해주길 바랍니까?"

준식 님은 고민 끝에 다음 날 여자 친구를 만나 솔직한 속내를 털어놓았습니다. 그 소식을 알려주려고 저에게 전화한 그의 목소리는 퍽 밝았습니다. 여자 친구가 이렇게 말했다고 합니다.

"왜 진작 말하지 않았어. 많이 힘들었겠네."

진작 말했으면 얼마나 좋았을까요? 하지만 지금이라도 가면을 벗을 수 있어서 다행입니다. 마음을 표현할 수 있어야 진짜 '나'가 살아 움직입니다. 진짜 마음을 담아두기만 하면 썩습니다. 물이 고이면 썩는 것과 똑같은 이치입니다.

사람의 몸도 마찬가지입니다. 상대방에게 잘 보이고 싶으면 몸에 힘이 들어가 주먹을 꽉 쥐게 됩니다. 긴장하면 자연스레 흐르던 감정이 멈추고 고이게 되죠. 고여서 썩으면 악취가 진동합니다. 혹시 지금 상대방에게 잘 보이고 싶어 가면을 쓰고 있다면, 당장 벗어 버리기 바랍니다.

화장도 하는 것보다 지우는 것이 중요하다고 하죠. 피부가 숨을 쉬어야 하는 것처럼 우리의 마음도 숨을 쉬어야 합니다. 온전히 나의 숨을 쉴 때 내가 빛이 납니다.

가면을 벗는 3가지 방법

저는 '불편한 사람', '거리감 있는 어려운 사람'이라고 평가받은 적이 있습니다. 그때 적잖은 충격을 받았죠. 살아오면서 누군가에게 피해를 주지도 않았고 욕 얻어먹을 일도 만들지 않으면서 열심히 살았다고 자부했는데, 불편하고 어렵다니. 정말 당혹스러웠습니다.

지인이 그 이유를 설명해주었습니다. 제가 무대에서 보여주는 화려함과 재미, 퍼포먼스가 긍정적이고 좋아서 다가가려 하면 반응이 딴판이라서 그렇다고요. 무대 위의 저와 무대 아래의 저는 전혀 다른 사람이라고요. 저는 반박하고 싶었습니다. "어떻게 무대 위에서 일할 때와 무대 아래에서 온전히 '나'일 때가 같을 수 있겠어요!"라고 하고 싶었지만 그럴 수 없었습니다. 제 모습을 보고 상대가 느꼈을 당황스러운 감정을 느낄 수 있었기 때문입니다.

그런데, 그런 평가를 받는 것이 저뿐일까요? 공적인 일 때문이든, 사적인 관계에서든 우리는 필요에 따라서 수시로 가면을 덮어씁니다. 상사 앞에서, 가족 앞에서, 친구 앞에서 겉과 속이 다른 행동을 합니다. 심지어 가면을 쓴 상태를 더 편하게 느끼기도 하고, 내가 지금 가면을 쓴 것인지 아니면 진짜 내 모습인지 혼동하기도 합니다.

어떤 분은 사회생활을 하고 다른 사람들과 어우러지려면, 어느 정도는 가면이 필요하지 않느냐고 합니다. 그렇습니다. 솔직하다고 능사는 아니니까요. 하지만 지금 제가 말하는 것은 상대에 대한 예의 차원의 가면이 아닙니다. 자신의 본모습을 감추어서 병들게 하고, 상대방에게도 나쁜 영향을 미치는 가면을 말합니다. 내 진짜 모습을 보지 못한 상대방은 나를 오해할 수도 있고 나에게 가깝게 다가설 수 없다는 느낌 때문에 관계 자체를 끝내야겠다고 결심할 수도 있습니다.

가면을 쓰고 있다면 빨리 벗어버리는 것이 정말 중요한데, 이것이 생각보다 쉽지 않습니다. 특히 가면을 써야 하는 직업인 경우는 더 그렇습니다.

영화배우들은 영화가 끝나면 가장 먼저 하는 일이 그 역할에서 빠져나오는 것이라고 합니다. 하루빨리 자신의 본래 모습을 찾고자 하는 거죠. 맡은 역할에 따라 다르겠지만, 제대로 빠져나오지 못하면 오랫동안 시달린다고 합니다.

종교 지도자는 신자에게 자신의 모습을 보이는 것이 두려워 동네 목욕탕도 가지 못한다고 합니다. 늘 거룩하게 살아야 한다는 압박에 시달리던 어떤 수녀님은 연분홍색 원피스를 처음 입으면서 그동안 상처받은 마음이 치유되는 것 같다고 말하기도 했습니다.

속내를 감추고 살아가는 직업으로 감정 노동자만한 직업이 또 있을까요? 늘 고객에게 웃는 얼굴을 보여주려니 스트레스가 쌓일 수밖에 없습니다. 전국 민간서비스 산업노동조합연맹과 노동환경연구소가 조사한 '감정 노동 종사자 건강 실태 설문' 결과에 따르면 전체 응답자의 30.6퍼센트가 자살 충동을 느낀 적이 있고 4퍼센트는 실제로 자살을 시도했다고 합니다. 여성 감정 노동자의 48.9퍼센트가 우울증을 경험했다고 하니, 스트레스가 얼마나 극심한지 알

수 있습니다.

그래서 저는 가면을 지혜롭게 벗는 방법을 연구해보았습니다. 첫 번째 방법은 '무대 위'와 '무대 아래'가 다름을 인정하는 것입니다. 저는 제 강의를 듣는 수강생에게 "무대 위랑 지금이랑 좀 다르죠? 전 원래 소심한 사람이었습니다. 그것을 이겨내고 싶어 사람 앞에서 말하기 시작하다 보니 강사까지 되었네요"라고 말합니다.

그리고 내 역할을 충실히 수행해야 합니다. 내 역할을 수행하면서 하는 행위들을 그대로 인정하는 것입니다. '원래 내 성격은 이렇지 않은데 왜 이렇게 행동하지?', '위선적인 것 같은데?' 같은 고민은 할 필요 없습니다. 누군가가 나를 힘들게 할 때 마음속으로 이렇게 말해주면 어떨까요.

"내 역할에 충실하자. 저 사람도 자기 역할에 충실할 뿐이다. 무대에서 내려오면 소중한 나 자신이 두 팔 벌려 기다리고 있다. 힘내자."

두 번째는 내가 가면을 쓰고 있다는 것을 알았을 때, 감정이 올라올 때 크게 심호흡을 하는 것입니다. 한 번 심호흡할 때마다 가면을 한 번 벗는다고 생각하면 됩니다.

세 번째는 상대방의 말과 행동에 대한 내 생각이 진짜인지 아닌지 구별하는 것입니다. 상사가 심한 말을 했다고 가정해봅시다.

"김 대리, 왜 일을 이따위로 해?"

이런 말을 들으면 상사가 날 정말 싫어한다고 생각하고, 상사 앞에서 위축되기 쉬워집니다. 이럴 때는 '사실'과 '내 생각'을 구별해야 합니다. 내가 일을 잘못해서 상사가 화가 난 것은 사실이지만 상사가 나를 정말 싫어하는지는 알 수 없습니다. 상사가 나를 싫어한다는 것은 내 생각이죠. 이런 것을 구분해내면 내가 나에게 상처를 입히는 것을 예방할 수 있습니다. 상처 입는 일이 줄면 방어적으로 가면을 쓰는 것도 막을 수 있고, 가면을 썼다는 사실로 인해 괴로워하는 일도 줄어들 것입니다.

저는 강연장에 오르기 전에 저 자신과 대화하는 시간을 가집니다.

"내 역할에 충실하자. 그리고 무대에서 내려오면 가면을 벗자! 난 온전히 나일 때가 가장 멋있다!"

이런 말조차 하기 싫을 때는 이렇게 말합니다.

"난 내가 좋다. 난 내가 좋다. 난 나이기 때문에 내가 좋다."

강의가 끝나고 나면 저 자신에게 이렇게 말해줍니다.

"잘했다. 힘들었지? 괜찮아."

'자신과의 대화'는 눈에 보이는 '좋은 소식'을 가져옵니다. 지하철에서, 버스 안에서, 운전 중 잠깐 멈추어 있을 때……나에게 말을 걸어봅시다. 오른손을 펴서 심장 위에 살포시 올려놓고 하면 더 더욱 좋습니다.

"○○아, 오늘 많이 힘들었지? 하지만 잊지 말자. 넌 너이기 때문에 소중한 존재라는 것을."

내 인생은
누군가의
대타가 아니다

내가 나를 알아야 하는 이유

어떤 사람들은 어렸을 때부터 부모님이 하라는 대로 반항 없이 살아왔습니다. 그 때문에 자기 주관 없이 주변 사람들에 의존하며 지냅니다. 음식점에서 메뉴를 고를 때나 옷을 살 때도 주변의 의견을 따라 결정합니다. 그리고 '내 성격이 이러니까 이해해주겠지'라고 생각하며 자기 위안을 합니다. 하지만 내가 모르는 나를 타인이 이해해주기 바라는 것은 욕심입니다. '살아지는 삶'이 아닌 '살아가는 삶'을 산다는 것은, 내 감각을 그대로 바라보고 그것을 인정하는 데서 시작됩니다.

대학교에 수업하러 가는데 한 여학생이 음료 자판기 앞에서 남자 친구와 통화를 하고 있었습니다. 통화 내용이 제게도 들렸습니다.

"오빠, 나 뭐 마실까? 여기 오렌지 주스, 포카리 스웨트, 포도봉봉 있는데, 빨리 정해줘. 나 수업 들어가야 해."

우리는 음식점에서 친구들이 시키는 것을 따라 먹기도 하고, 영화관에 가서도 보기 싫은 영화를 친구 때문에 보기도 합니다. 그렇다면, 이럴 때 '나'는 과연 어디에 있는 것일까요?

나는 왜 남자 친구에게 집착할까?

"살기 싫어요. 사는 것도 학교 다니는 것도 아무 의미가 없어요."

울면서 이야기를 꺼낸 대학생 소희 님. 남자 친구 문제였습니다. 소희 님은 남자 친구랑 대학교 입학 때부터 사귀었다고 합니다. 학교도 같이 다니고 수업도 같이 듣고 밥도 같이 먹으면서 일주일에 하루도 빠지지 않고 매일매일 봤다고 합니다.

그런데 문제는 2학기가 되면서 생겼습니다. 남자 친구의 어머니가 자주 아프셔서 남자 친구가 휴학을 하고 서울로 올라가게 된 것입니다. 매일 보던 남자 친구를 볼 수가 없으니 소희 님은 너무 힘들었다고 합니다. 소희 님은 저와 대화하면서 남자 친구를 볼 수 없는 것에 대해서만 말했습니다. 남자 친구의 마음을 보지 못하더군요. 남자 친구가 지금 얼마나 힘들지, 남자 친구의 어머니는 어떠신지, 다른 것은 마음에 없어 보였습니다. 저는 남자 친구의 마음은 어떨지 물어보았습니다. 소희 님은 남자 친구의 마음을 '머리로만' 이해하려 한 듯했습니다.

"남자 친구가 힘든 건 충분히 이해하는데요. 아무리 그래도 어떻게 저에게 전화 한 통 안 할 수가 있어요?"

"남자 친구는 지금의 상황 때문에 그럴 여유가 없는 것 아닐까요?"

"……."

전 조심스럽게 물어보았습니다.

"혹시, 불안한 마음이 있었어요? '남자 친구가 계속 이렇게 잘 해줄까?'라는 의심 같은 거요."

처음에는 부정하던 소희 님은 다음 날 저에게 문자메시지를 보냈습니다.

"강사님 말씀이 맞는 것 같아요. 저는 저만 생각했네요. 저에게는 여동생이 있습니다. 여동생은 저보다 밝고 공부도 잘해요. 지금 고3인데 의대는 당연히 갈 성적이고 대학만 고르면 될 정도예요. 어렸을 때부터 비교당하는 것이 싫었고 무엇을 먹든, 사든, 갖든 여동생보다 많아야 했고 좋아야 했어요. 부모님의 신경은 고3인 여동생에게만 쏠려 있고 저한테는 관심이 없으세요. 그래서 남자 친구에게 집착한 것 같아요. 그런데 남자 친구까지 떠나고 나니 부모님의 사랑도 남자 친구의 사랑도 모두 빼앗긴 것 같다는 생각이 든 것 같아요. 슬프네요. 제 인생인데 제가 없었네요. 저 어떻게 하면 좋을까요?"

"지금 당장 터미널 가서 서울행 버스에 올라타세요. 그리고 남자 친구를 만나서 본인의 솔직한 마음을 이야기하세요."

주인공으로 산다는 것은 나를 찾는 것부터 시작하는 것입니다. 내 인생은 누구의 '대타'가 아닙니다. 사랑도 내게서 시작되어야 합니다. 내가 있어야 상대도 있습니다. 소희 님이 자신을 소중하게 여겼다면 남자 친구의 소중함도 느꼈을 것이고 남자 친구의 마음을 헤아려주었을 것입니다.

사람은 변화시킬 대상이 아닌 만남의 대상

한 어머니가 질풍노도의 시기인 '중2' 아들 때문에 힘들다며 눈물을 보이셨습니다. 부모 교육에 유일하게 아버지와 함께 참여한 어머니였습니다. 부모와 자녀는 무슨 관계일까요?

자녀와 소통이 안 되는 것은 둘 중 하나입니다. 집착하거나 방치하거나입니다. 조직원과 소통이 안 되는 것은 둘 중 하나입니다. 변화시키려 하거나 무시하거나입니다. 사랑하는 사람과 소통이 안 되기 시작하는 것은 가면이 두꺼워졌기 때문입니다. 사람은 변할까요? 물론 변합니다. 동기부여가 되면 스스로 변할 수 있습니다.

하지만 사람은 변화시킬 대상은 아닙니다. 만남의 대상이어야 합니다. 심리 상담사가 다리를 다쳐 병원을 찾았는데 의사가 자신을 보지 않고 모니터와 차트만 보더랍니다. 그때 심리 상담사는 깨달았다고 합니다. "환자는 치료의 대상이 아니라 만나야 할 대상이구나." 부모는 자녀가 자신이 바라는 모습대로 되어주길 기대합니다. 기대에 못 미치면 집착하게 되고 그 집착의 무게는 자녀에게 그대로 전달됩니다.

자녀는 이거 하고 싶다고, 그렇게 되고 싶다고 말한 적 없는데 부모가 정해주고 기대하고 퍼붓습니다. 집착하거나, 변화시키려 하면 그 사람의 빈틈이 보이기 시작합니다. 내가 해준 것만 생각하게 됩니다.

하지만 사람은 빈틈이 있어야 사람다운 것이 아닐까요? '시인과 촌장'의 노래 〈가시나무〉의 첫 대목은 "내 속엔 내가 너무도 많아 당신 쉴 곳 없네"입니다. 공간이 있어야 쉴 수 있듯 가족에게, 사랑하는 사람에게 쉴 공간을 주어야 합니다. 그래야 다른 사람이 들어올 수 있습니다. 그리고 그래야 나도 여유가 생겨 상대방의 마음을 볼 수 있습니다.

아버지가 폭력을 쓰던 날 눈빛과 말을 아직도 잊지 못하는 은희 님. 수면제를 먹어야 잘 수 있고, 왜 살아야 하는지 이유를 모르겠다고 합니다. 아무리 좋아지려고 발버둥 쳐도 관계는 회복이 되지 않습니다.

은희 님은 자살을 생각할 때마다 자신마저 사라지면 어머니는 유일한 삶의 희망마저 잃는 것은 아닐까 하는 생각이 들어 나쁜 마음을 접는다고 합니다. 지금은 부모님을 떠나 사회생활을 하고 있지만, 어머니를 혼자 집에 두고 떠났다는 생각에 잠을 못 이룰 때가 많습니다.

저는 조심스럽게 "아버지를 용서하는 것이 어떨까요? 용서는 아버지를 봐주는 것이 아니라 아버지에게서 해방되는 것입니다. 아버지 때문에 힘들었던 은희 님을 위하는 것입니다. 그리고 생각날 때마다 자신을 어루만져주세요. 괜찮다고 안아주세요. 내 잘못 아니라고 위로해주세요"라고 권해보았습니다.

흔히 우리는 힘들거나 열정이 떨어질 때 초심으로 돌아가라고 말합니다. 관계도 마찬가지입니다. 지금 주변과의 관계가 너무 힘들다면 초심으로 돌아가보면 어떨까요? 관계에서의 초심은 '처음 본 것처럼'입니다. 나를 힘들게 하는 그 사람을 길 가다 처음 본 사람처럼, 가족을 처음 본 사람처럼 여기는 것입니다.

저는 종종 '지금 이 순간만 생각하는 것'을 권합니다. 친구를 만나면 친구에게 집중하고, 일할 때는 일에만 집중하는 거죠. 삶의 작은 조각들이 모이면 어느 순간 의미 있고 보람된 삶이 퍼즐처럼 맞추어질 것입니다.

전 어려서 몹시 내성적이었고 공부도 잘하지 못했습니다. 고개를 숙이고 다닌다고 해서 별명이 '생각하는 사람'이었습니다. 그렇다고 운동을 잘하지도 못했고, 축구도 못하는, '잘하는 것이 없는' 아이였습니다. 마음에 드는 친구일수록 먼저 다가가지 못했고, 누군가 먼저 말을 걸어주어야 말을 하곤 했습니다.

학교에서는 딱히 존재감이 없었기 때문에 텔레비전이 유일한 친구였습니다. 어느 날은 텔레비전을 보는데, 하염없이 눈물이 나왔습니다. 텔레비전에 나오는 MC들처럼 나도 유쾌하고 잘 노는 사람이 되고 싶었습니다. 그러려면 주위에 날 좋아하는 사람이 많아야 하는데, 전 그러지 못했습니다.

그 뒤로 저는 억지로 밝은 척하고 억지로 잘 노는 척했습니다. 중학생 때는 쉬는 시간마다 운동장에 나가 축구를 했습니다. 축구를 못했기에 무조건 공만 보고 열심히 뛰어다녔습니다. 그러던 어느 날, 덩치 큰 친구가 절 쓰러트리더니 발로 얼굴을 뭉개며 "못하면 나대지 마라!"고 윽박질렀습니다.

저는 그 뒤로 축구를 하지 않았습니다. 대신 개인기를 연습했습니다. 집에 아무도 없을 때 개인기를 연습하고 학교에서 친구들에게 보여주니, 조금씩 존재감이 드러나게 되었습니다. 인기 많은 친구에게 다가가기 시작했고, 존재감 없는 친구들을 무시하기 시작했습니다.

하지만 시간이 지나면서 제가 큰 착각을 했다는 것을 알게 되었습니다. 인기 많은 친구들 속에 섞여 있으니, 저도 그 친구들이랑 동급이라고 생각했지만, 그렇지 않았던 것입니다. 제 고민이나 단점은 그 친구들에게 보일 수 없었습니다. 결국 전 제 고민을 들어줄 친구가 없다는 걸 알게 되었습니다.

그와 함께 다른 것들도 차차 알아가게 되었습니다. 내성적인 것이 잘못이 아님을 알았습니다. 축구를 못하지만 야구를 좋아한다는 것을 알았습니다. 텔레비전 속의 주인공이 내가 아니어도 된다는 것을 알았습니다.

다른 사람의 마음을 사기 전에 내 마음을 먼저 사야 한다는 것을 알았습니다. 지금의 내 모습을 그대로 인정해야 한다는 것을 알았습니다. 친구는 비교의 대상이나 보여주기 위한 대상이 아니라, 만남의 대상임을 알았습니다. 내 모습이 어떠하든 진심으로 다가가면 날 좋아하는 사람은 남는다는 것을 알았습니다.

사랑해, 사랑해, 사랑해.
나를 꼭
안아주기

내 안의 '어린 나' 위로해주기

지금은 어엿하게 성장한 내 마음속에는 움츠러들고 눈치 보며 울고 있는 어린 내가 있습니다. 나는 그 '어린 나'를 인정하고 위로해주어야 합니다. 그리고 혼자 해결하려 하지 말고 표현을 해야 합니다. 눈치를 보는 것은 사랑받고 싶다는 뜻입니다. 힘들 땐 눈을 감고 자신에게 말해보세요.

"괜찮아. 그동안 많이 힘들고 외로웠지. 하지만 잊지 말자, 너는 충분히 이겨낼 수 있어. 왜냐면 네 안에 충분한 힘이 있고, 그 힘은 온전히 네 것이기 때문이야. 넌 너여서 소중해."

"엄마는 절 사랑하지 않아요."

사회 초년생 인혜 님이 자주 하는 말입니다. 삼 남매 중 둘째로 태어난 인혜 님은 위로 언니와 아래로 늦둥이 남동생이 있습니다. 항상 언니가 입던 옷을 물려받아야 했고 언니의 의견을 따르는 일에 익숙했습니다. 남동생이 태어난 이후로는 더욱더 찬밥 신세가 되었습니다. 그러다 보니 부모님께 칭찬받고 싶어서 시키지 않은 일도 알아서 했는데 그러다 보니 손이 많이 가지 않는 아이라며 관심에서 더 멀어졌습니다.

마침 인혜 님은 사랑을 표현하는 법에 관한 강의를 듣고 있었습니다. 자신에게 먼저 사랑한다고 표현하고, 가족에게도 사랑을 표현하는 수업이었는데, 다음 주가 생일이기도 해서 어머니께 "생일이라 친구들에게 축하 많이 받아 너무 행복해. 받은 만큼 더 열심히 살게. 엄마 사랑해"라고 문자메시지를 보냈습니다. "응. 내 딸"이라고 짧은 답만 와서 인혜 님은 실망했다고 합니다. 그런데 그날 새벽에 다시 문자메시지가 왔답니다.

너를 낳고 처음으로 내가 엄마가 되었음을 느꼈단다. 연년생인 언니와 너를 키우면서 많이 힘들었는데 보채고 우는 네 얼굴, 엄마를 바라보는 눈빛 하나하나가 사랑이었단다. 힘이 되었단다.

한 번도 듣지 못했던 어머니의 진짜 마음이었습니다. 인혜 님은 어머니가 이렇게 자신을 생각하는지 몰랐다고 합니다. 그 문자 메시지를 받은 이후 인혜 님은 생각이 많이 바뀌었다고 합니다.

"자식을 많이 사랑해주는 엄마가 내 엄마여서 좋고, 사랑하는 내 동생을 많이 사랑해주는 엄마여서 더는 서운하지 않아요."

이렇게 가족 문제가 해결되니 친구와의 문제도 자연스럽게 해결이 되었다고 합니다. 어느 날 친구가 인혜 님한테 이렇게 물어보았다고 합니다. "너 요즘 뭐 좋은 일 생겼어?"

나에게 관심 주기

누군가를 좋아하게 되면 온 신경이 그 사람에게 향합니다. '어떤 음식을 좋아할까?', '어떤 옷을 즐겨 입을까?', '무슨 말을 할 때 좋아하고 어떤 단어에 짜증을 낼까?', '함께 산책하자고 하면 좋아할까?', '야구장 같이 가자고 하면 좋아할까?' 이러한 고민을 하는 자체가 행복하게 느껴집니다.

이러한 관심을 반만이라도 나에게 돌리면 어떨까요? 우리는 내가 무엇 때문에 화가 났고, 내 화가 어디서 시작되었는지에 관심이 없습니다. 술자리에 가는 것이 좋다면 술이 좋아서인지, 사람이 좋아서인지 모릅니다. 카페에 가는 것이 좋다면 말하는 것이 좋아서인지, 듣는 것이 좋아서인지, 분위기가 좋아서인지 관심이 없습니다. 내가 싫어하는 음식이 있다면, 그동안 안 먹어본 음식이어서 싫은 것인지, 어렸을 적 그 음식을 먹고 배탈이 난 경험이 있어서 싫은 것인지, 부모님이 싫어하는 음식이라 싫은 것인지 모릅니다.

내가 왜 공포 영화를 싫어하는지, 찬 음식을 먹을 때 설사를 하면 내 몸 어디에 이상이 있고 어떻게 하면 좋아지는지에 관심이 없습니다. 그러면서도 누군가 내 감정에 스크래치를 내면 참지 못합니다. 그리고 잘 사는 사람을 시기하고 질투합니다. 근거도 없고 이유도 없습니다.

주말 카페의 구석 자리는 젊은 연인들의 차지입니다. 그들은 주변 사람의 시선은 아랑곳하지 않고 마음껏 애정을 표현합니다. 한번은 그런 연인들 옆에 앉아 있었는데, 어떤 여성이 카페 안으로 들어오다가 실수로 핸드백으로 문을 쳤습니다. 체인 부분이 유리에 강하게 부딪히면서 굉음이 울렸습니다. 카페에 있던 사람 대부분이 그쪽을 쳐다보고 짜증을 냈습니다. 그러나 옆자리 연인들은 아무렇지 않은 듯 서로에게 집중하고 있었습니다.

손잡고 걷는 연인이 왜 재수 없어 보이는지, 우리는 알려고 하지 않습니다. 그냥 싫고 짜증 나는 것뿐입니다. 내 감정이 질투인지,

외로움인지 알아야 합니다. 알게 되면 그러한 감정이 내게 있다는 것을 솔직히 받아들이고 인정하면 됩니다. 노부부가 손잡고 걸어가는 장면이 아름다워 보이면 나도 그렇게 하도록 노력하면 되는 것입니다.

내가 외부 세상을 바라보는 시선은 곧 내가 나의 내면을 바라보는 마음과 같다고 합니다. 무엇인가를 보고 마음이 조금이라도 불편하면 나에게 관심을 가져야 합니다. 내 마음이 "주인님, 저에게 관심을 주세요"라고 외치는 것입니다.

나 자신을 사랑하지 않는 사람을 사랑해줄 사람은 없다

영미 님은 외모에 콤플렉스가 있었습니다. 사춘기에 접어들면서 남들과 비교하는 것이 습관이 되어버렸답니다. 연예인을 보면 자격지심이 생겼고, 통통한 하체 때문에 콤플렉스가 심해져 전신사진을 찍는 것도 싫어졌다고 합니다. 거리를 걷다 유리창에 비친 자신의 모습을 보면, 그 모습이 너무 싫어 다이어트를 한 것도 여러 번이라고 했습니다. 입고 싶은 옷을 입는 것이 아니라 몸을 잘 가려주는 옷을 입었다고 합니다. 결국은 스트레스 때문에 불면증까지 생겼다고 합니다.

그러던 중 영미 님은 "나 자신을 사랑하지 않는 사람을 사랑해 줄 사람은 없다"라는 문구를 접하고 그동안의 자신을 돌아보았다고 합니다. "그냥 당당해지면 얼마나 멋있을까? 항상 사진 찍을 때 뒤에 가서 서고, 몸을 가리고……. 왜 나는 그토록 남과 비교하면서 상처를 받았을까?"

그 뒤로 영미 님은 자신을 사랑하려고 노력하기 시작했습니다. 하체가 통통하다고 입지 않았던 청바지를 입기 시작했고, 꽃을 좋아하는 자신을 위해 꽃꽂이 학원도 다니고, 사진 찍는 것을 좋아해서 사진 찍는 아르바이트를 시작했다고 합니다. 그렇게 하나둘씩 좋은 것을 보고, 생각하고, 자신을 사랑하기로 했답니다.

시작은 쉽지 않았지만, 그렇게 자신을 사랑하고 인정하고 나니 친구들과 대화 도중 틀리면 우기기 바쁘던 자신이 유치하게 생각되어 고치기 시작했답니다. 창피해서 입지 않았던 학과 잠바도 입기 시작했고, 그동안은 남들이 무시할까봐 전공도 밝히지 않았는데 지금은 당당히 말한다고 합니다. 영미 님은 이렇게 말했습니다.

인정할 것은 인정하고 결과에 연연하지 않으면서 최선을 다하려고 합니다. 그러면 그러한 내 모습이 너무 멋있고 아름답습니다. 앞으로는 인정하는 것을 두려워하지 않고 고쳐나가면 된다고 생각합니다. 그것이 나 자신을 사랑하는 방법 아닐까요?

누구에게나 상처가 있습니다. 경제적으로 풍족한 가정에서 자랐든 어려운 가정에서 자랐든, 왕따를 당했든 배신을 당했든, 모두 힘들어하고 상처를 받았기 때문에 경중을 따지는 것은 난센스입니다.

과거의 상처에서 자유로워지는 것이 목표라면, 그 상처를 외면하거나 피해서는 안 됩니다. 외면한다고 자유로워지지 않기 때문입니다. 상황을 있는 그대로 보는 힘을 길러야 하고, 지금 내가 할 수 있는 노력을 하면 됩니다. 결과가 좋고 나쁘고는 중요하지 않습니다. 내가 나를 인정했느냐가 중요합니다. 어찌 보면 상처는 남이 주는 것이 아니라 내가 주는 것입니다.

저는 강의를 마무리할 때 수강생들과 함께하는 것이 있습니다. 눈은 감고 등은 의자에서 떼고, 허리는 세우고, 어깨나 가슴에 힘을 빼고 오른손은 심장 위에 살포시 놓으라고 합니다. 본인의 이름을 부르면서 멘트를 따라하라고 합니다. 대부분 처음에는 어색해하지만 계속하다 보면 따라 합니다.

"ㅇㅇ아 나야. 그동안 많이 힘들었지. 괜찮니? 괜찮아. 누가 보든 안 보든, 누군가에게 인정을 받든 그렇지 못하든, 넌 너이기 때문에 소중해. 네가 있기에 이 조직이 존재하고, 네가 있기에 가족이 존재하고, 네가 있기에 대한민국이 존재한단다. 그러니 잊지 말자. 너를 대체할 사람은 이 지구상에 존재하지 않는단다. ○○아! 사랑해."

시간이 흐르면 여기저기서 훌쩍거리는 소리가 들리기 시작합니다. 특히 50~60대 여성의 반응이 인상적입니다. 그동안 아무리 힘들어도 관심을 주지 못했던 자신에게 들려주는 따뜻한 위로의 한마디가 몸 전체에 스며드나 봅니다.

힘들면 조용히 눈을 감고 자신에게 대화를 걸어보기 바랍니다. 어디서든, 어느 때든 할 수 있습니다 . 나와의 대화는 돈 들이지 않고 할 수 있는 최고의 자기 사랑 표현입니다.

내가 나를 사랑해야 한다는데, 사랑스럽게 느껴지지 않으면 어떻게 하면 좋으냐는 분들이 있습니다. 나를 사랑스럽게 느낄 이유를 찾는 것이 힘들다면, 그 이유를 굳이 찾을 필요는 없습니다. 나는 나에게 이미 사랑받을 필요가 있는 존재가 아닐까요? 이유를 굳이 찾자면, 나 자신이기 때문입니다. 내가 아니면 누가 나를 사랑해줄 건가요. 나를 사랑하는 것은 마치 공기와 같은 것입니다. 있는 것인데 의식하지 못할 뿐이죠.

다음은 제 제자가 자신을 사랑하게 되면서 쓴 시입니다. 일반인이 쓴 투박한 시지만, 제가 힘들 때 받은 시여서 그런지 많은 위로와 응원이 되었습니다.

무제
　-박향주

열심히 살았는데 대충 산 느낌이었다
잘 살고 있는 줄 알았는데 내가 없었다
건강한 삶을 외쳤지만, 몸이 아팠다

서른하나
화이트 아웃, 세상이 하얘졌다
번 아웃, 무기력이 날 삼켰다
움직이지도, 말하지도, 만나지도 않았다

서른둘
발바닥부터 시작된 통증이 내 몸을 삼켰다

설움이 복받쳤다
나를 살고 웃고 걷게 했던 모든 이유가
한낱 백지수표 같았다

참 나약하다. 나란 존재

나란 존재를 알아야 해
이 설움과 공허에 물어야 했다
왜 찾아오게 되었냐고

서른하나
서른둘

두 해간 내가 한 일은
고작 그것뿐임을 부끄럽지만
이제야 고백한다

고백한 나에게 물었다
어찌 용기 낼 수 있었냐고

걷지도 달리지도 못하는
나의 누운 가죽을 봤다
한참 울었다

앞만 봤지 나를 못 봤다
누군가에게 말을 전했지만
내 안에 대화를 청하지 못했다

조용히
내 조각을 찾아야만 했다

내가 좋아하는 것
내가 안정을 느끼는 순간
내 맘이 편안한 시간
코끝에 머무는 향
나다움이 드러나는 관계

그렇게 오늘이 되었다

서른셋, 팔월

다행히 난

웃고 있다

걷고 있다

만나고 있다.

'힘들어'라는 말이 그렇게 힘들어?

"넌 장난이지만 난 상처야"

20대 중반의 유선 님은 초등학생 때 왕따를 당한 상처로 다른 사람과 관계 맺는 것을 힘들어합니다. 그래서 초등학교 동창들이 동창회를 한다고 했을 때, 나가고 싶지 않았지만 인사 정도는 하려고 용기를 내어 나갔다고 합니다. 유선 님은 동창회 자리에서 있었던 일을 제게 전해주었습니다.

> 동창: 야, 이제 오냐? 사회생활 하면서 친구는 좀 생겼냐? 너 6학년 때 완전 찌질이였는데 오늘 보니까 괜찮네. 진작 그러고 다니지.
>
> 유선: 어?
>
> 동창: 솔직히 너 왕따시킨 거 다 장난이었는데, 넌 맨날 화장실

가서 울었잖아. 그때 왜 그랬냐? 장난인데.

유선: 잘못한 것 없는데 맨날 약점 잡아 놀리고, 내가 할 일도 아닌데 떠넘기고, 이상한 소문 퍼뜨려서 친구 못 사귀게 하고, 심지어 너는 나 교실에 남겨두고 문 잠그고 도망쳤잖아. 그게 다 장난이었구나.

동창: 그냥 하는 말 가지고 왜 그러냐? 너 좀 그렇다?

유선: 할 말이 그것밖에 없나 봐? 너랑 같이 날 왕따 시켰던 애들 눈에는 그저 장난으로 보였겠지. 하지만 그때부터 왕따가 내 발목을 붙잡았어. 사람 한번 제대로 만나본 적 없어. 그래도 안부 인사 정도는 해야겠다 싶어서 나왔는데, 여기 온 내가 바보네.

동창: 그건…….

유선: 이런 식으로 사람 비참하게 할 거면 왜 부른 거야? 너희들 눈엔 내가 꼬붕처럼 보이냐고! 내가 너네들 동네북이냐고! 이런 식으로 인신공격할 거면 앞으로 부르지 마! 너한테는 별거 아닌 기억일지 모르지만, 나한테는 평생 아픈 기억이야. 떠올리고 싶지 않은 그런 거라고. 맘 같아서는 너 한 대 패고 싶은데 참는 거야. 다시는 나 여기 부르지 마. 나는 너희 얼굴 보기 싫으니까!

동창들이 무척 놀랐다고 합니다. 저는 유선 님에게 이 이야기를 듣고 환호성을 질렀습니다. 유선 님과 상담한 지 3년 만에 받은 통쾌한 메일이었습니다. 유선 님은 드디어 응어리져 있던 마음을 쏟아냈습니다.

물론, 한번 쏟아냈다고 마음에 있던 응어리가 다 풀렸다고 장담할 수는 없습니다. 유선 님을 부르고 말을 건 동창은 과거의 일을 반성하면서도 부끄러워 표현을 못한 것일 수도 있습니다. 그러나 유선 님이 당시 느꼈던 아픔을 제대로 표현한 것은 정말 대단한 일이고, 저는 그런 유선 님을 응원해주고 싶었습니다. 유선 님은 이렇게 말해주었습니다.

"전에는 이런 식으로 제 마음을 표현 못하니까 모든 것에 부정적이었어요. 하지만 이날 이후로 많이 좋아졌어요. 엄마도 동생도 요즘 좋은 일 있냐고, 얼굴에 꽃이 피었다고 해요."

어린 시절 유선 님은 왕따를 당해 힘들 때 부모님께 말할 수 없었다고 합니다. 어머니는 입원 중이셨고 아버지는 무서운 대상이었습니다.

"넌 장녀야! 바위처럼 마음 단단히 먹어야 해! 네가 약한 모습 보이면 동생들도 따라 한다. 알았지!"

그런 말을 들으며 유선 님은 늘 스스로 다잡았습니다. 성인이 되어서야 그때 일을 어머니께 말씀드렸습니다. 어머니는 "왜 그때 말하지 않았어? 엄마는 그것도 몰랐네. 얼마나 혼자 힘들었을까"라며 놀라셨고, 유선 님은 그 말에 그동안 나오지 않았던 눈물을 흘렸다고 합니다.

저는 영화 〈슬로우 비디오〉를 보고 눈물을 흘린 적이 있습니다. 영화 주인공의 눈은 슬로비디오처럼 모든 것을 느리게 봅니다. 그래서 아무리 빨리 날아오는 것도 잡을 수 있습니다. 대신 시력을 유지하려면 선글라스를 써야 하고 달릴 때는 일직선으로 뛰지 못합니다. 평범한 직업을 가질 수 없어서 CCTV 관제 센터에서 일하던 중, 초등학생 때 좋아했던 사람을 보게 되고, 짝사랑을 키워갑니다. 그러던 중 연쇄살인범과 함께 있는 그녀를 보게 되고, 그녀를 구하려고 목숨을 겁니다. 절대 일직선으로 달리면 안 된다는 의사의 충고를 무시하고 달려갑니다. 그녀는 위험을 피했습니다. 그때 친구가 다친 주인공의 손을 잡으며 묻습니다.

"괜찮아?"

친구의 말이 도화선이라도 된 듯 주인공은 소리 내어 울면서 말합니다.

"형, 나 힘들어. 안 괜찮아."

순간 저는 고장 난 수도꼭지처럼 눈물을 흘렸습니다. 남들과 다르게 살아간다는 것은 얼마나 힘든 일일까요. 그리고 힘들 때 힘들다고 말하지 못하는 것은 어떤 기분일까요. 친구가 주인공에게 하는 말이 마치 제게 하는 말처럼 느껴졌습니다.

때로는 누군가 제게 다가와 "힘들지 않아?"라고 묻기도 했지만, 저는 그때마다 괜찮은 척하며 아무렇지 않다고 했습니다. 어떤 때는 제가 그런 친구 역할을 해야 했지만 그러지 못했습니다.

진정한 위로는 무엇일까요? 저는 이렇게 생각합니다. "힘내, 할 수 있어!"라고 말하는 것이 아니라, "힘들지? 그래도 괜찮아"라고 말해주는 것입니다.

방송인 김제동 씨는 힘들면 거울을 보고 손을 뻗어 자신의 머리를 쓰다듬어주면서 "제동아, 힘들었지? 괜찮아"라고 위로해주라고 합니다. 장소를 가릴 필요는 없다는대요. 공중화장실 거울이 더 좋다고 합니다. 주변 사람이 날 보면서 미쳤다고 해도 신경 쓰지 말라면서 김제동 씨가 덧붙인 말에 제 마음이 쓰려왔습니다.

"그거 안 하면 결국 내가 미치니까요."

제가 힘들다는 말을 못한 이유는 부모님이 걱정하실까봐, 아내에게는 약해 보이기 싫어서, 친구에게는 그냥 싫어서입니다. 유선 님도 그랬을 것입니다. 어린 나이에 왕따를 당하며 얼마나 무섭고 두렵고 힘들었을까요? 하지만 부모님이 걱정하실까봐 입을 닫고 만 것이죠.

2015년 중동호흡기증후군(메르스) 때문에 한 달 동안 강의가 취소된 적이 있습니다. 수입이 줄어들어 힘든 것보다 무대에 서지 않아서 오는 우울함과 공허감이 수십 배는 힘들었습니다. 우울한 마음에 늦은 밤 홀로 영화를 보러 나가는데 아내가 어디 가냐고 물었습니다. 전 상담하러 간다고 하려다 용기를 내어 솔직히 말했습니다.

"우울하네. 메르스 때문인 것 같은데 힘드네."

아내는 깜짝 놀라더군요. 힘들다는 말을 처음 들었기 때문이죠. 우울하다고 한 것은 제게는 큰 용기가 필요한 말이었습니다. 착하게만 살아온 저는 아직도 속마음을 꺼내놓는 것이 많이 어색합니다. 그러나 내 속마음을 표현하지 않으면 가장 답답한 사람은 가장 가까이 있는 가족입니다.

우리는 왜 '힘들어'라는 말을 하지 못할까요? 저는 부모님이 걱정하시는 것이 싫었습니다. 그래서 아이가 아플 때도 말을 하지 않았습니다. 곧 좋아질 텐데 굳이 말을 해서 걱정을 끼쳐드리고 싶지 않았기 때문입니다.

과거의 기억을 더듬어보았습니다. 특히 힘들 거나, 아플 때 말하지 않았던 어렸을 적 기억을 더듬어보았습니다. 어렸을 때 어머니가 코피를 흘리면 아버지는 세숫대야를 가지고 오셨습니다. 그만큼 코피를 많이 쏟으셨습니다. 어렸을 적 아버지는 오랫동안 입원하셨습니다. 하지만 부모님이 "힘들다"라고 하는 말은 들어본 기억이 없습니다.

그래서일까요? 참는 것이 당연하고 자연스러워지다 보니, 감정을 숨기고 억누르는 것이 오히려 더 익숙하고 자연스러웠던 것입니다. 하지만 지금은 그게 답이 아니라는 걸 압니다. 그래서 저는 다짐합니다. "그래, 힘든 건 힘든 거다."

마음의 병 마주하기

지현 님은 어렸을 때 부모님의 이혼으로 새어머니와 함께 살았습니다. 아버지가 안 계실 때마다 새어머니는 할머니와 자신 그리고 동생을 괴롭혔다고 합니다. 밥도 주지 않으면서 때리기가 일쑤였다고 합니다. 할머니는 아프셨고 동생은 아직 어렸기 때문에 새어머니에게 대항할 수 있는 사람은 지현 님뿐이었습니다.

새어머니의 폭행이 심해지면서 지현 님은 아직 자리를 잡지 못한 친어머니와 살기 시작했다고 합니다. 혼자 아버지의 몫까지 하면서 힘겹게 할머니와 동생, 자신까지 돌보는 어머니를 보며 지현 님은 강하게 클 수밖에 없었습니다. 힘든 모습, 약한 모습을 보이지 않으려고 더 밝은 모습, 강한 모습을 보이게 되었습니다.

하지만 지현 님의 마음속에는 상처가 많았고, 그것을 누르고 참고 덮다 보니 오히려 상처는 더욱더 커져갔습니다. 대학생이 되고 남자 친구도 사귀고 환경이 좋아지는 듯했지만, 아버지의 외도로 부모님이 이혼하게 되었다는 사실을 알고는 남자 친구의 진심을 믿지 못하게 되었고, 사랑을 다른 데서 찾으려고 했습니다.

누구에게도 말 못하는 고통을 안고 살던 지현 님은 23세에 공황장애를 겪게 됩니다. 마음과 함께 약해진 몸과 피폐해진 생활환경, 스트레스로 아무것도 할 수 없는 지경에 놓이게 되었습니다. 일어날 수 없고 쓰러져 누워 있기만 하는 날이 많아지면서 자살까지 생각했다고 합니다.

지현 님이 고통을 겪을 때 잡아준 사람은 어머니와 동생이었습니다. 어릴 때는 지현 님이 동생을 지켜주고 보호해주었지만, 지금은 어른스러워진 동생이 자신을 위로했고, 동생에게 그동안 쌓아두었던 감정을 이야기하면서 조금이나마 마음을 열고 치유해나가기 시작했다고 합니다. 동생과 이야기를 하면서 지현 님은 점차 자신감을 되찾게 되었고 다시 꿈이었던 연기 공부를 시작했습니다. 지현 님은 말합니다.

> 속에 담아두고 쌓아두고 밀어 넣다 보면 아픔은 더욱더 곪아갑니다. 요즘처럼 바쁘고 정신없이 돌아가는 사회 속에서 스스로를 격리하지 마세요. 한 번만 더 돌아보면 밝은 빛이 당신을 비추어주고 있을 거라고 말해주고 싶습니다.

힘들면 힘든 것이고, 우울하면 우울한 것입니다. 힘들 때 힘들다고 말하는 것은 '포기하겠다'가 아니라 '계속하겠다'는 뜻입니다. "나 너무 힘들어"는 '찡찡거리는' 것이 아니라 '이걸 포기하지 않을 건데 나에게 힘을 줘'입니다. 주위를 따뜻한 시선으로 둘러보세요.

'못 하겠어'
라는 말이
그렇게 힘들어?

못하면 못한다고 말을 하지!

제 첫 직장은 대기업, 그것도 전망이 밝다는 통신 회사였습니다. 원래 꿈이었던 아나운서는 포기했지만 가족들, 특히 어머니가 좋아하시는 모습을 보고 감사한 마음으로 사회생활을 시작했습니다. 신입사원이다 보니 복사하고, 팩스 보내고, 문서 전송하는 단순 업무만 하던 때 선임이 호주로 교육을 받으러 가면서 일이 터졌습니다. 사수가 물었습니다.

"김승환 씨 엑셀 다룰 줄 알아요?"

"……네."

사수가 맡긴 일은 그날 끝내야 했고 눈앞은 깜깜했습니다. 전 사실 엑셀을 다룰 줄 몰랐습니다. 그러나 지원서에 워드 능력 '상', 엑셀 '중'이라고 표시했던 것이 기억났습니다.

"분명 문 대리님도 지원서를 봤을 거야."

저는 모두 퇴근하기를 기다렸다가 엑셀책을 첫 페이지부터 공부하기 시작했습니다. 너무 막막해서 '건너편 다른 부서 선임에게 물어볼까?'하다가도 '그분이 문 대리님에게 고자질하면 어떻게 해? 그럴 순 없어! 나 혼자 해결해야 해'라는 생각이 들었습니다. 그렇게 밤을 새웠고 겨우 일을 마칠 수 있었습니다. 그런데 다음 날 문 대리님은 저를 불렀습니다.

"김승환 씨 엑셀 다룰 줄 안다며?"

"네, 무슨 문제라도……?"

"이걸 하나하나 계산기로 계산해서 입력했네. 이거 틀렸잖아!"

쥐구멍에라도 들어가고 싶다는 말이 이럴 때 쓰는 말인가 봅니다. 그랬습니다. 저는 결국 어떻게 해야 할지 몰라서 일일이 계산기를 두드려서 채워 넣었습니다. 너무 수치스러웠습니다. 호주로 연수간 선임이 원망스러웠습니다. 하지만 누구를 탓하겠습니까? "대리님 죄송합니다. 제가 엑셀을 다루지 못합니다"라고 말했으면 좋았을 텐데요.

어떤 사람은 모르는 것을 모른다고 말하지 못합니다. 나만 모르는 것 같기도 하고, 나만 뒤처지는 느낌이 들기도 하고, 누군가 나를 부정적으로 보는 것이 싫기 때문입니다. 제가 그랬습니다. 모르면 물어보면 되는데, 그러지 못했습니다. 그러다가 아는 것도 안다고 말하지 못하는 상황까지 이어집니다. 모르니 알려달라고 물어보는 사람이 부러웠습니다. 지금은 모르면 인터넷으로 검색해볼 수 있지만, 그렇지 않았던 그때는 주변 사람에게 물어보아야 했는데, 질문하는 것이 제게는 가장 큰 골칫거리였습니다.

용기는 마음, 자신감은 행동

초등학교 3학년 때 담임 선생님이 수업 시간에 질문 하나를 던졌습니다.

"강철 덩어리를 물에 올려놓으면 어떻게 되죠?"

"가라앉아요!"

"그런데 어떻게 강철 덩어리로 만든 배는 바다 위에 뜰까요?"

전 손을 번쩍 들고 '배 안이 텅텅 비었기 때문입니다'라고 말하고 싶었습니다. 하지만 수업이 끝날 때까지 손을 들지 못했습니다. 첫 번째는 짝사랑하는 친구에게 잘 보이고 싶은데, 틀릴까봐 걱정되서였고, 두 번째는 틀리면 친구들이 놀릴까봐였습니다. 수업을 마칠 무렵, 담임 선생님은 말씀하셨습니다.

"강철 덩어리로 만든 배가 바다에 떠다니는 이유는 배 안이 텅텅 비었기 때문이에요."

용기는 마음속에서 '그래 한번 해보자!' 할 때 나오는 것이고, 그렇게 한번 해본 경험으로 생기는 것이 자신감입니다. 용기는 마음에서, 자신감은 행동에서 나옵니다. 전 용기가 없었습니다. 용기를 챙기려면 눈치 보기와는 이별해야 합니다. 자신감이 없다면 용기부터 챙겨야 합니다.

어느 날 다음과 같은 문자메시지를 받았습니다.

자존감에 대해 많이 생각하고 자존감을 높이려고 책도 많이 읽고 있습니다. 그래서 강사님 강의 들으며 울컥했던 적이 한두 번이 아닙니다. 그런데 제가 최근 마음이 아팠던 것은 강사님이 번호를 알려주셨을 때였어요. 카톡을 한번 드려야지 생각했는데, 옆에 있던 친구들이 "번호를 굳이 저장해야 해?"라고 말하더라고요. 저는 "오늘 강의가 아주 좋았다고 연락드릴 거야"라고 당당하게 말하지 못했어요. 그리고 숨어서 번호를 저장했습니다. 제 스스로가 답답해요.

자신의 감정을 표현하는 데도 눈치를 본 그 학생은 아주 힘들었을 것입니다. '저 사람이 날 어떻게 생각할까?', '모른다고 하면 날 무시하지 않을까?', '내가 이렇게 말하면 친구가 기분 나쁘지 않을까?', '내가 양보하면 상황이 좋아지니까 내가 좀 손해 보면 되는 거 아닌가?', '내가 장남(장녀)이니 참아야지!' 늘 이런 마음이 있나요?

그럴 때는 이렇게 생각해보세요. 단체 사진을 보면 누구를 먼저 보나요? 바로 '나'입니다. 내가 잘못 나온 사진을 친구에게 보여주면 친구는 내가 아니라 사진 속 자신의 얼굴을 찾아봅니다. 내 상처, 열등감에 다른 사람은 관심이 그리 많지 않습니다.

그러니 우리는 용기 내서 손을 들어야 합니다. 그러면 자신감이 따라오고, 자신감이 있으면 열등감을 당당히 맞이할 수 있습니다. 몸에 상처가 나면 상처를 치료하고 약을 발라야 합니다. 누가 볼까 그냥 덮어두면 안 됩니다. 마음의 상처도 마찬가지입니다. 나를 있는 그대로 보여주면 됩니다. 모르면 모른다고 하고, 알려고 하면 되는 것입니다.

여자 친구와 자주 싸운다는 20대 후반의 진영 님. 화가 나면

곧바로 감정을 표출한다고 합니다. 그러다 보니 사과도 먼저 하게 되는데, 이것 때문에 자꾸 불만이 생긴답니다. 자신은 화를 내면 바로 사과하는데 여자 친구는 그렇지 않고, 화해한 후에도 싸웠을 때의 감정에서 쉽게 벗어나지 못하는 게 싫다는 것입니다.

그래서 진영 님에게 여자 친구와 이 문제에 대해 진지하게 이야기를 나누어보기를 권했습니다. 진영 님이 불만을 솔직하게 말하자, 여자 친구도 조심스레 말을 꺼냈답니다. 자신의 감정이 쉽게 좋아지지 않고, 기분이 풀리는 데 오래 걸리는 것이 미안하다고요. 하지만 사과를 빨리 하는 것이 어렵다는 여자 친구의 말에 진영 님은 도리어 내가 그동안 여자 친구를 오해하고 있었다는 생각이 들었다고 합니다. 여자 친구가 자신을 싫어해서 그런 것이 아니라, 여자 친구 역시 감정 표현에 서툴러서 그랬다는 것을 알게 된 거죠.

◉

리아 헤이거 코언Leah Hager Cohen은 『참을 수 없는 거짓말의 유혹』에서 우리가 무지함을 인정하는 것을 그토록 혐오하는 이유는 무엇인지, 그리고 이런 태도가 우리에게 미치는 악영향은 무엇인지 탐구합니다. 우리는 종종 수치심이나 따돌림을 피하고자 모른다고 말하기를 거부하고, 알지 못하는 것도 아는 척을 합니다. 그러나 그런 거짓말을 거듭하면 책임을 회피하고 약점을 숨기는 버릇이 생겨, 타인과 관계 형성이 제대로 되지 않고 진리 추구에도 걸림돌이 된다고 합니다. 하지만 자신의 나약함을 받아들이고 인정한다면 다른 사람들과 진정한 관계를 맺을 수 있고 새로운 아이디어를 끌어낼 수 있습니다.

우리는 왜 솔직하게 표현하지 못할까요? 나중에 찾아올 상처나 불쾌감을 방지하려는 방어기제 때문입니다. 그러나 시련과 실패의 경험을 마냥 두려워해서는 안 됩니다. 대신 실패할 수도 있다는 사실을 있는 그대로 받아들여야 합니다. 아무것도 하지 않아도 됩니다. 애써 대안을 만들어 몸을 혹사하지 않아도 됩니다. 인간관계에 있어서도 마찬가지입니다. 도망갈 길을 열어두고 관계를 유지하려는 것은 솔직하지 못한 태도입니다. 사랑할 때도 도망갈 길을 열어두면 대안이 생기면서 도망가게 됩니다.

진흙은 돌멩이가 아무리 뾰족해도 모양 그대로 받아들여 품어줍니다. 못한다고, 모른다고 잘못은 아닙니다. 그 모양 그대로 인정해야 하는 이유입니다.

나를
그대로 인정하고
사랑하기

억울해서 힘이 들 때

대학생 보연 님은 밝고 매력적인 사람입니다. 하지만 보연 님에게는 아무에게도 이야기하지 못하는 집 사정이 있었습니다. 어렸을 때부터 보연 님은 학교에서는 아무 문제가 없는 듯 행동했지만 집에 돌아가면 술에 취해 욕을 퍼붓는 아버지, 그런 아버지와 매일같이 싸우던 어머니 때문에 괴로웠다고 합니다.

부모님이 자주 싸우는 이유가 돈 때문이라는 것을 알게 된 후에는 "아빠는 왜 돈을 벌어오지 않냐"며 대들다가 맞은 적도 있었습니다. 어머니는 미안한 마음에 보연 님을 피아노 학원에 보내주셨습니다. 그 뒤로 피아노 학원은 보연 님의 유일한 피난처였습니다. 그러나 콩쿠르에서 수상하고 음대 입시 준비를 시작하려고 하자 어머니는 음악을 취미로 할 것을 권유했습니다. 음대에 진학하기에는 가정 형편이 좋지 않았던 것입니다.

보연 님은 그 뒤로 석 달 동안 밤마다 눈물을 흘렸다고 합니다. 자신보다 좋은 환경에서 자란 친구들과 자신을 끊임없이 비교하며, 마음속에 불만을 품고 지냈습니다. 보연 님은 말합니다.

> 아무리 환경 탓을 해도 현실은 바뀌지 않았습니다. 그래서 성인이 되어서도 수없이 비틀거리고 넘어지고를 반복했죠. 그러다가 '여기가 정말 내 바닥일까? 위로 올라갈 수는 없을까?'라는 생각이 들었습니다. 그리고 그때부터 현실을 직시하고, 지금 상황을 인정하면서 더 나은 삶을 살려고 노력하기 시작했습니다.

누구도 우리 인생에 점수를 매길 수 없습니다. 멋대로 점수를 매기더라도 그것은 정답이 아닙니다. 만약 부모님이 넉넉한 재산을 물려줄 수 없어 남들보다 쉬운 길로 가지 못한다면, 원점으로 돌아가 똑바로 한 걸음씩 가면 됩니다. 그 한 걸음, 한 걸음은 온전히 나의 것이기에 나는 당당히 살 수 있습니다. 탓하고, 원망하고, 소리치고, 싫어해도 돌아오는 것은 초라한 나 자신에 대한 확인뿐입니다.

남보다 어렵게 걸어가는 길에서 수없이 넘어지고, 깨지고, 긁

히고, 피가 날 수도 있지만 그렇게 힘든 경험이 결국 내게 힘이 되어줄 것입니다. '힘들다'는 '힘이 생긴다는 것' 아닐까요? 운동할 때도 힘이 들어야 근육에 힘이 생기는 것처럼 말입니다. 그 힘을 꼭 간직하세요. 맨주먹으로 도전하는 당신에게 든든한 보호대가 되어줄 것입니다.

동현 님은 아르바이트 면접 때 "해보고 재미있으면 끝날 때까지 할 생각입니다"라고 말했습니다. 푸드 트럭 아르바이트 면접이었기 때문에 다른 지원자 중에는 조리사 자격증이 있는 사람도 있고, 비슷한 일을 했던 사람도 있었습니다. 그런데 사장님은 다른 사람이 아닌 동현 님을 뽑았습니다.

왜 그랬을까요? 사장님은 동현 님의 대답이 인상적이었답니다. "어떤 일이 있어도 무조건 끝까지 하겠습니다"와 비교하면 의지가 없어 보일 수도 있지만, 반대로 생각하면 솔직하고 진심이 담긴 말이기도 합니다.

동현 님은 그렇게 시작한 아르바이트를 정말로 즐겁게 했습니다. 사람들이 트럭 앞을 그냥 지나가거나 관심을 주지 않을 때도 많아서 호객 행위를 해야 했는데, 그때도 먼저 나가서 말을 걸었습니다. 튀김을 할 때는 기름이 튈 수도 있으니 한 발 물러나달라고 친절하게 부탁하고, 비가 올 것 같으면 뚜껑을 하나 더 덮어주었답니다. 그렇게 먼저 웃으면서 일하다 보니 오래 줄을 선 손님들도 기분 좋게 음식을 받아갔다고 합니다. 동현 님은 말합니다.

"내가 재미있으니 웃게 되고, 내가 웃으니 손님들도 웃더라고요."

누군가 시켜서 억지로 하는 일은 즐겁지 않습니다. 천재가 이길 수 없는 사람은 성실한 사람이고, 성실한 사람이 이길 수 없는 사람은 즐기는 사람이라고 합니다. 저는 강의를 하러 갈 때 소풍 가듯 갑니다. 제게 강의는 어쩔 수 없이 하는 일이 아니라 소풍같이 즐거운 일이기 때문입니다.

지하철을 타고 집에 가는데 앞에서 무엇인가 움직이는 것이 느껴졌습니다. 고개를 들어보니 한 여성이 헤드셋을 끼고 유리창에 비친 자신의 모습을 보면서 살짝살짝 춤을 추고 있었습니다. 그분이 진심으로 춤을 즐기고 있다는 느낌을 받았습니다.

그 용기와 열정이 정말 부러웠습니다. 저는 단 한 번도 공공장소에서 자신에게 푹 빠져본 적이 없었습니다. 그분에게 무신경한 사람들도 있었지만, 그분을 보며 키득거리는 사람도 있었습니다. 하지만 그분은 그런 반응을 신경 쓰지 않는 듯했습니다. 자신의 모습을 그대로 인정하고 사랑하는 사람은 주변의 시선에 아랑곳하지 않습니다. 사과를 좋아하는 사람이 사과를 먹을 때 다른 사람의 반응을 신경 쓰지 않는 것과 같습니다. 사과를 먹는 것에 눈치를 보거나 잘 보이려고 사과를 먹지는 않습니다.

나 자신을 사랑하고 인정하면 남보다 자신 자신을 보게 됩니다. 그러면 사람뿐만 아니라 사물에도 애정이 갑니다. 순간순간 새로운 의미를 느낍니다. 그러다 보면 내 안에서 작은 변화를 발견할 수 있습니다. 시련이 크게 와도 이겨내고 버티면서 내 안에 숨겨진 나를 찾을 수 있습니다.

물론 나의 모든 면을 인정하기는 어려울 수 있습니다. 다른 사람에게 쉬운 것이 내게는 어려울 수 있고, 다른 사람에게 해당되는 사례가 나에게는 해당되지 않을 수도 있습니다. 다른 사람에게 잘 먹힌 방법이 나에게 맞으리라는 보장도 없습니다. 무조건 수용하고 받아들이라는 것이 아닙니다. 다만 인정한다고 해서 패배하는 것은 아니라고 말하고 싶습니다.

인정하면 마음에 꽃이 피어요

저는 어렸을 때 홍콩 영화배우 성룡成龍(청룽)을 무척 좋아했습니다. 성룡이 나오는 영화를 보고 나면 혼자 운동장에 가서 그를 따라 하곤 했습니다.

그러다 어느 순간 성룡을 싫어하기 시작했는데, 제 코가 성룡 코를 닮았다는 말을 들은 후부터입니다. 사춘기가 오고 외모에 관심을 가지면서 가장 맘에 들지 않은 부분이 뭉툭하고 큰 코였는데, 하필 그 코가 성룡을 닮았다니 기분이 좋지 않았습니다. 어머니께 "엄마 닮아서 내 코가 이렇잖아"라고 투덜대면 항상 어머니는 "귀 큰 부자는 없어도 코 큰 부자는 있어"라고 저를 달랬습니다. 하지만 당시에는 돈보다 외모가 중요했기 때문에 어머니의 말이 위로가 되지 않았습니다. 지금은 '복코' 같은 제 코가 좋기만 합니다. 그런데 어릴 때는 거울을 보면 코만 보였습니다.

내가 인정하고 싶지 않은 나의 어떠한 모습만 보인다면, 그것에 집착하고 있기 때문일 수 있습니다. 집착은 어떤 한 가지에서 벗어나지 못해서 생겨납니다. 저는 코에 집착하고 싶지 않았습니다. 그래서 일부러 코 대신 눈썹을 보기 시작했습니다. "송승헌 눈썹이랑 별로 다르지 않네"라면서 말이죠.

거울에 비친 내 얼굴을 보며 나와 대화를 나누어보세요. 내 눈썹, 눈, 코, 입, 귀, 피부 모든 것을 바라보며 "고맙다, 사랑한다, 내 얼굴과 함께해줘서 자랑스럽다"라고 해보십시오. 웃기기도 하고 '내가 지금 뭐하나' 싶기도 할 것입니다. 웃기면 웃으면 됩니다. 자연스러울 때까지 계속해보세요. 『시크릿』에 '비밀의 달인'으로 등장한 존 데마티니John Demartini는 "무엇이든 우리가 생각하고 감사하는 일이 우리에게 다가온다"고 했습니다. 내가 나를 인정하지 않으면 다른 사람이 아무리 날 인정해주어도 소용이 없습니다. 짜증, 시기, 질투로 들릴 뿐이니까요.

환경은
환경,
나는 나

내 환경을 인정하는 힘

저는 1년에 대략 50여 곳에서 강의 의뢰를 받습니다. 그중에 늘 "모닝커피 드셨어요?"라며 전화를 하는 분이 있었습니다. 항상 목소리가 밝아서 기분이 좋아지는 분이었습니다. 오전에도, 오후에도, 저녁에도 그분은 항상 "모닝커피 드셨어요?"라고 인사를 건넵니다. 나중에는 스케줄이 중복되면 저에게 시간을 맞추어줄 정도로 친해졌습니다. 그런데 4년이 지난 어느 날 그분이 아닌 다른 사람에게 전화가 왔습니다. 섭섭하기도 하고, 어쩐 일인가 싶어 이유를 물어보니 퇴사를 했다고 합니다. 한마디 말도 없이 퇴사해 조금 아쉬웠습니다.

그런데 얼마 뒤 "모닝커피 드셨어요?"라고 익숙한 목소리로 전화가 왔습니다. 너무 반가웠습니다. 어찌 된 일인지 물어보니, 스카우트 제의가 들어와 회사를 옮겼고 정신없어 이제야 전화를 했다고 합니다. 연봉이 2배 뛰었다고 하네요. 3년 뒤에는 제가 그분을 추천해 이직하게 되었습니다. 연봉은 다시 1.5배 뛰었습니다.

전 그분을 '모닝커피'라고 부릅니다. 물론 당사자는 모릅니다. 사실, 아직 그분 얼굴도 보지 못했습니다. 얼굴도 모르는 사람에게 이토록 친밀감을 느끼고 다른 회사에 추천까지 할 만큼 믿음이 가다니, 놀랍지 않나요?

자신이 있는 곳에서 맡은 일을 성실하게 하는 사람은 믿음을 줍니다. 나중에 본인에게 이야기를 들어보니 모닝커피 님의 첫 직장은 본인을 포함해서 직원이 고작 3명인 작은 회사였다고 합니다. 연봉은 대학 동기들보다 턱없이 부족했지만, 모닝커피 님은 항상 밝았습니다. 그리고 결국은 그 성실함을 인정받아 더 좋은 환경에서 근무하게 되었습니다.

내 환경에 불만이 있으면 행동, 말, 눈빛에 그대로 나타납니다. 본인만 모르고 주변 사람은 다 느끼고 있는 것입니다. 말을 안 할 뿐이죠. 지금 내 삶의 무대는 다음으로 가기 위한 성장의 연결 고리입니다. 그래서 지금 내 환경을 인정해야 합니다. 지금의 연봉을 인정해야 더 큰 연봉이 다가옵니다. 인정하는 마음은 나를 움직이고 주변 사람들까지 움직이는 힘이 있습니다.

전국을 돌아다니며 많은 사람을 만나며 느낀 것은, 자신의 무대를 인정하지 않는 사람이 많다는 것입니다. 지방 대학교 학생들은 수도권에 있는 대학교가 아니라서, 수도권 대학교를 다니는 학생들은 명문대가 아니어서 자신의 환경에 만족하지 못합니다.

그러면 명문대 학생은 모두 만족할까요? 제가 만난 명문대 학생은 1년째 우울증 약을 먹고 있습니다. 그 학생은 학교를 다니며 전교 1등을 놓친 적이 없었는데 대학교에 와보니 전교 1등이 다 모여 있는 것입니다. 그 사이에서 장학금을 받지 못하는 자신을 인정하지 못해 괴로워했습니다. 그 학생은 충분히 노력하고 있고, 열심히 살고 있었지만 자신을 인정하지 못하고 다른 친구들과 비교하며 힘들어하고 있었습니다. 저는 그 모습이 너무 안타까웠습니다.

편의점에서 아르바이트하는 정희 님은 자신의 환경을 인정하고 주인공 마인드로 일한다고 합니다. 그렇게 일하다 보니 보이지 않던 것이 보이고 들리지 않던 고객의 소리가 들리기 시작했다고 합니다. 학생들이 좋아하는 과자의 위치를 바꾸어보자고 사장에게 건의도 하고 물건을 못 찾는 어르신이 보이면 달려가 찾아드렸다고 합니다. 정희 님은 전에는 사장이 없으면 휴대전화를 보며 놀았는데, 이젠 아르바이트하는 시간이 빨리 가고 단골 할머니께 선물도 받았다고 기분 좋게 이야기해주었습니다.

'토크쇼의 여왕' 오프라 윈프리는 어렸을 때의 고난을 기억하고 전 세계적인 자선 활동을 펼치고, 인종·성별 차별에 반대하는 개혁 운동을 펼쳐 미국뿐 아니라 세계에서 가장 영향력이 있는 여성으로 꼽힙니다. 윈프리는 "지금의 당신을 만든 것은 무엇입니까?"라는 질문에 "하나는 독서, 다른 하나는 진실입니다"라고 답했습니다. 진실이 무엇이냐는 질문에 "지금 내 환경을 인정하는 힘"이라고 했습니다.

죽을 수밖에 없는 이유, 살아야만 하는 이유

지선 님은 4대 독자인 오빠와의 차별 속에서 힘들게 컸습니다. 5세 때 장난감을 두고 다투다 며칠간 눈치 속에서 방에서 나오지 못한 적도 있다고 합니다. 사랑을 받고 싶어 갖은 노력을 했지만, 그때마다 돌아온 것은 냉담한 반응이었다고 합니다. 고등학교 2학년 때 야간 자율 학습을 마치고 돌아오자 아버지가 늦게 왔다는 이유로

화를 내셨답니다. 어머니께 너무 억울하다고 말하니 어머니는 "넌 왜 늦게 와서 아빠 심기를 건드려!"라며 화를 냈다고 합니다. 그날 지선 님은 편지를 써놓고 집을 나왔다고 합니다.

지선 님은 학교 기숙사 공사 현장으로 올라갔습니다. 그때 마침 퇴근하던 선생님이 지선 님을 발견했고 선생님의 말씀에 인생이 송두리째 바뀌었다고 합니다.

"네가 죽을 수밖에 없었던 이유로 살아. 지금 죽으면 너무 억울하잖아. 그리고 네가 죽을 수밖에 없었던 이유가 있듯이 아빠도 엄마도 뭔가 이유가 있었겠구나, 라고 한번 생각해봐. 그냥 당하지만 말고 이야기를 해봐. 노력도 안 해보고 죽으면 너무 억울하잖아."

지선 님은 이날 이후로 조금 다른 시선으로 부모님을 보게 되었습니다. 부모님의 어린 시절 상처를 알게 되었고, 자신에게도 조금은 관심과 사랑이 있다는 것을 느끼게 되었다고 합니다. 지선 님은 마지막 수업 때 눈물과 함께 이렇게 발표했습니다.

저는 마음의 문을 닫고 언제나 힘든 일 속에 자신을 가두고 살았습니다. 열린 마음으로 부모님을 보니까 제가 보지 못했던 많은 부분이 보였고 차츰 관계가 좋아졌습니다. 그래도 풀 수 없었던 작은 감정들이 있었는데, '인정하기'를 적용하니까 부모님을 볼 때 불편하지 않고 안타깝고 미안한 마음이 들었습니다. 아버지를 아버지대로 인정하고, 나를 나대로 인정하고 나니 생각보다 아주 많은 부분이 개선되었습니다. 인정하는 것, 그것이 바로 관계 회복의 첫걸음입니다.

우리를 둘러싼 환경은 상당 부분 상대적입니다. 만약 내 키가 175센티미터라면, 169센티미터인 사람은 나를 보고 크다고 하겠지만, 180센티미터인 사람은 나를 작다고 할 것입니다. 비교를 하기 시작하면 판단을 하게 되고, 그 판단의 옳고 그름을 떠나 그때부터 사람을 나누어보기 시작합니다.

누군가 더 힘들다고 해서 내가 덜 힘든 것은 아닙니다. 우리는 모두 70억 명의 인류 중에서 유일한 존재입니다. 지구 상에 나와 비교할 대상은 한 사람도 존재하지 않습니다.

내가 소중한 사람이라는 사실을 깨달으려면 내 단점을 인정하는 용기가 필요합니다. 그 용기는 내 단점이 내 잘못이 아니라는 사실을 인정하면서 생겨납니다. 내 환경을 인정하는 것은 성장하는 삶을 위해서 꼭 필요합니다. 환경은 환경일 뿐입니다. 환경이 내 존재일 수는 없습니다.

최고라고
말하면
최고가 된다

"최고라고 말하면 최고로 보여"

처이모님이 집에 놀러 오셨습니다. 며느리와 통화를 하시는데, 그 내용이 참 인상적이어서 기억이 납니다.

"어, 그래그래. 잘 끝냈네. 우리 며느리 잘 했네. 우리 집에 시집와줘서 고맙고, 태어나줘서 더 고맙고, 우리 며느리 최고."

전화를 끊으신 처이모님께 질문을 던졌습니다.

"통화하실 때 항상 이렇게 하세요?"

"그럼."

"며느님이 정말 최고예요?"

"최고도 맞지만, 미운 구석도 있지."

"그런데 왜 최고라고 하세요?"

"김 서방, 자꾸 최고라고 말하면 최고처럼 보여."

저는 처이모님의 말에 느끼는 바가 있어 그날 저희 어머니께 조심스럽게 이 이야기를 해드렸습니다.

"엄마, 엄마도 며느리에게 그렇게 좀 말해봐요."

"그걸 꼭 말로 해야 아냐? 전화비 나온다. 끊어."

어머니가 제 이야기를 별로 귀담아듣지 않으셨다고 생각했는데, 다음 날 집에 들어가니 아내가 묻습니다.

"어머님 무슨 일 있으셨어?"

"왜?"

"오늘 갑자기 나한테 전화하시더니 그냥 고맙다고 하시네."

그렇게 말하는 아내의 눈가가 촉촉해졌습니다. 말 한마디가 때로는 큰 힘이 되고 마법처럼 사람의 마음을 움직일 수 있다는 것은 아무리 강조해도 지나치지 않습니다. 하지만 따듯한 말 한마디를 하기가 참 어렵습니다. 왜일까요? 저희 어머니처럼 말 안 해도 안다고 생각하는 것일까요? 아니면 내 자존심이 허락하지 않아서일까요? 생각해보면 쑥스럽기 때문인 것 같습니다. 그러나 처음만 힘들지 한 번하고 두 번 하면 달라집니다. 하면 할수록 편해집니다. 그리고 그 반복은 나에게도 상대에게도 큰 힘으로 작용합니다. 어색하다고 안 하면 그 멋을 못 느낍니다. 처이모님의 말씀처럼 누군가에게 최고라고 말하면 최고처럼 보이는 것입니다.

"말이 씨가 된다", "가는 말이 고와야 오는 말도 곱다"는 속담처럼 말의 중요성은 아무리 강조해도 지나치지 않습니다. 이케가야 유지池谷裕二 박사는 『해마』에서 우리 뇌는 어떻게 해서든 안정을 추구하려는 경향이 있기 때문에 자신이 말한 것에 확신을 가지려는 성질이 있다고 합니다. 강한 의지를 갖고 말로 다짐하면, 말이 새로운 회로를 만들어냅니다. 아이들에게 "너는 말해줘도 몰라"라고 하면 안 되는 이유입니다. 말의 마술에 걸리기 때문입니다.

부모님께 사랑한다는 말하기를 쑥스러워하던 민주 님이 어느 날 수업 시간에 이렇게 말했습니다.

> 저는 부모님과 이야기도 자주 나누고 이틀에 한 번은 영상통화도 할 만큼 자주 연락을 주고받습니다. 부모님은 제가 딸이기도 하고 타지에 떨어져 지내다 보니 걱정이 많으십니다. 전화할 때마다 "밥을 챙겨 먹었니?", "잠은 잘 잤니?", "오늘 컨디션은 어떠니?"라며 이런저런 이야기를 나누면서도 저도 부모님도 사랑한다는 말은 해본 적이 없습니다. 부끄럽고 쑥스러워서 못했습니다. 그런데 "밥은 잘 먹었니?", "잠은 잘 잤니?"도 부모님의 사랑 표현이라는 말을 듣고 찬찬히 생각해보았습니다. 시험 기간에 여

러 가지 일이 겹쳐 우울해져 있던 어느 날, 엄마가 전화를 먼저 해서 "밥은 먹었니? 집엔 들어갔니? 많이 힘들지? 조금만 힘내!"라고 하시다 조금 주저하시더니 마지막에 "목소리 듣고 싶어 전화했어"라고 하셨습니다. 그때 그 말이 '사랑한다'의 다른 표현인 것을 깨달았습니다. 그래서 저도 더 늦기 전에 부모님께 '사랑합니다'라고 말해보려고 합니다.

강박증으로 거울 앞에 선 '나'

강박증으로 힘들어하는 지영 님. 지영 님은 자신에 대해 하는 생각 대부분이 편견과 강박이라고 합니다. '너는 완벽해야 해. 완벽한 너는 할 일을 미루지 않아.' 이러한 생각을 기준으로 두고, 기준에 부합하지 못하는 자신을 받아들이지 못했다고 합니다. 그러면서 강박 증세가 나타나기 시작했답니다.

초등학생 때는 같은 행동을 반복해도 그것이 강박증인지 몰랐고, 이렇게 힘든 줄도, 불편한 줄도 몰랐다고 합니다. 지영 님은 아침에 눈을 뜨면 항상 같은 순서, 같은 시간 동안 씻습니다. 그런 지영 님의 모습을 가족들은 이해하지 못했습니다. "병이 있는 거 아니냐, 대체 왜 저러는 거야?"라고 말했고, 오빠는 심지어 심한 욕설까지 뱉었습니다.

마음가짐이 중요하다는 것도 알고, 노력도 해보았지만 어느새 다시 찾아온 불안감에 포기하기를 반복하던 중 '내가 나에게 말해주기' 수업 이후로 작은 변화가 시작되었습니다. 거울 속의 자신을 보고 "지영아! 오늘은 3번만 반복해보자!"라고 말하는 습관을 들였습니다. 신기하게도 그 뒤로 심리적·육체적으로 약간 좋아졌다고 합니다. 다음에는 "오늘은 2번만 반복해보자"라며 횟수를 줄였습니다. 그리고 요즘은 "반복하지 않아도 나쁜 일은 일어나지 않아!"라고 말해준다고 합니다. 물론 일상생활에 뿌리박힌 반복 행동은 아직 존재하지만, '이 정도면 살아갈 만하겠다'라고 생각하게 되었고, 희망을 품게 되었다고 합니다.

아팠던 만큼 성장하고, 주눅 들었던 만큼 어깨를 펼 수 있게 되었습니다. 제가 다시 어깨를 펼 수 있었던 것은 나 자신을 사랑한다고 끊임없이 자기 암시를 걸었기 때문입니다. 결국 나를 사랑해야 아픔도 사랑할 수 있습니다.

강박증이라는 특수한 상황이 나와는 맞지 않는다고 생각하는 분이 있다면, 오래된 일화 하나를 봅시다. 조선을 세운 이성계의 이야기입니다.

어느 날 이성계가 무학 대사와 산책하던 중 배가 나온 무학 대사를 보고 "스님 돼지 같소"라고 짓궂은 농담을 던졌습니다. 그러자 무학 대사는 "임금님은 부처님 같습니다"라고 받아쳤고, 이성계는 무안해졌습니다. "이 사람아, 농담하면 농담으로 받아치지 나에게 부처 같다고 하나?" 그러자 무학 대사는 "부처 눈에는 부처가 보이고 돼지 눈엔 돼지가 보이지요"라는 말을 남겼습니다.

내가 내 안에 어떤 마음을 심느냐에 따라 세상을 바라보는 눈이 달라지고, 세상을 듣는 귀도 달라집니다. 법정 스님은 "꽃이 아름다운 건 꽃이 아름다워서가 아니라 당신 안에 꽃이 피었기 때문이다"라고 했습니다. 세상이 꽃으로 보이는 것은 내 안에 꽃이 피었기 때문입니다. 내게서 나오는 말 한마디, 한마디는 내 마음 안에 뿌려지는 꽃씨고, 그 꽃씨는 상대에게 꽃향기로 전달됩니다.

빈틈이 나를
사랑받게 한다

빈틈이 있어야 사람다워 보인다

친한 후배가 술에 취해 저에게 이런 말을 한 적이 있습니다.

"형, 빈틈 좀 보이세요. 그래야 사람다워 보여요. 제가 하고 싶은 일이 뭔지 알아요? 형이 취해서 쓰러지면 제가 업고 가서 자취방에서 함께 자는 거예요."

그 말을 듣고 새벽 2시 막차를 타려고 종로 2가에서 서울역까지 걸어가는데 마음속에 벽돌 수백 개가 들어간 것처럼 먹먹했습니다. 그때까지 저는 당연히 취한 모습을 보여주면 안 된다고 생각했습니다. 아내가 "왜 힘들게 완벽주의자가 되려고 해?"라고 했을 때도 반박했습니다. 일에서 완벽주의자라면 성과라도 낼 텐데 저는 관계에서 완벽주의자가 되려고 했던 것입니다. 관계에서 완벽해지려면 모든 것을 상대방에게 맞추게 됩니다.

때로는 피곤한 날이라 쉬고 싶어도 누가 상담을 요청하면 거절하지 못했습니다. 부탁을 받으면 거절하지 못하기에 가입한 보험도 여러 개고, 돈을 빌려주고 받지 못한 것도 여러 건입니다. 제 입버릇은 'Yes', 'Yes', 'Yes'입니다. 거기에 저 자신의 자유나 취향은 없었습니다. 그래서 좋아하는 음악 장르나 작곡가도 없었고 챙겨 보는 영화도 없었습니다. 노래방에 가면 노래를 고르지 못해 뒤척거리다 슬쩍 자리를 뜨고, 술자리에 가면 "나 먼저 간다"라는 말을 못 해 잘하지도 못하는 술을 억지로 비우며 끝까지 있곤 했습니다. 저는 제가 잘 사는 줄 알았습니다. 힘들어도 "그래, 내가 좀 손해 보면 되지 뭐, 그럼 다 좋아지잖아"라고 이야기했습니다.

하지만 결국 나에게도 상대에게도 좋은 관계를 맺지 못했습니다. 항상 양보만 하는 관계는 일방적이고, 진심도 없으니까요. 저는 잘나지도 못했고, 똑똑하지도 못합니다. 그래서 "남들에게 칭찬은 듣지 못할망정 욕은 듣지 말자"는 생각이 있었습니다.

항상 타인의 시선과 분위기를 체크해야 했기에 신경의 안테나는 항상 쉬지 않고 작동했습니다. 그것이 엄청난 에너지를 쏟아야 하는 힘든 일인지 깨달았을 때는 너무 늦었습니다. 저를 떠날 사람은 떠났고, 없는 사람 취급하면 되는 사람은 절 그렇게 대했습니다. 그렇게 착한 사람으로 해석되는 것이 너무 비참하고 슬펐습니다.

갑자기 외로움이 밀려왔습니다.

어렸을 적부터 "너 장애인이냐?"는 소리를 들었던 성일 님. 특별히 이상이 있는 것은 아닌데, 걸음걸이가 특이해서 초등학생 때 별명이 '쩔뚝이'였습니다. 친구들이 "너 왜 그렇게 걷냐?", "아프지 않냐?", "사고 난 거 아니냐?"라고 물어볼 때마다 성일 님은 오토바이에 치여서 그렇다고 거짓말을 하곤 했습니다. 원인이 궁금해 병원에 다녀보아도 원인을 찾을 수 없었습니다.

다른 사람들이 부정적인 시선으로 자신을 보는 것이 너무 힘들어서 10세 때 죽고 싶다는 생각을 하게 되었다고 합니다. 그 이후 정상인처럼 보이려고 노력했는데, 그것이 더욱더 자신을 힘들게 했다고 합니다. 자신이 자신을 힘들게 해보아야 본인만 상처받는다는 것을 안 이후로는 힐끔 쳐다보는 시선을 즐기기로 했다고 합니다. 다른 사람과 다름을 인정한 것입니다.

자신을 인정한 이후에는 궁금해하는 사람이 있으면 "그냥 이래요. 원래 이렇게 걸어요"라고 말했고, 공익근무요원으로 일할 때 "장애인 등록하면 사회생활하기 편하고 혜택도 많을 텐데"라고 장애인 등록을 권하는 사람도 있었지만 걷거나 뛰는 등 일상생활에

지장이 없는데 장애인으로 살고 싶지 않아서 거부했다고 합니다. 지금 성일 님은 현장에서 뛰어다녀야 하는 매니지먼트 회사에서 일하고 있습니다. 다른 직원들과 다름없이요.

대학생 영석 님은 자신이 빈틈이 많고 부족한 게 많다고 생각했다고 합니다. 그런 생각이 깊어지자 쓸모없는 하루하루를 보내는 것처럼 느껴졌다고 합니다. 명문대에 다니는 것도 아니고, 그간 이룬 것도 없는 데다 졸업하면 무슨 일을 해야 할지 막막했기 때문입니다.

여자 친구와 데이트를 하면서도 다른 사람들과 자신을 비교했습니다. 다른 남자들은 자신보다 잘생겼고, 키도 크고, 능력도 좋아 보였습니다. 결국에는 여자 친구에게 "나보다 좋은 사람 있으면 가도 되니 가라"고 말했습니다. 그 말을 듣고 여자 친구는 크게 화를 냈습니다.

"넌 지금도 충분히 멋져. 그러니까 나보고 떠나라든지, 날 떠나겠다고 하지 마. 과거의 너는 이미 지난 사람이야. 현재의 너는 앞날을 위해 노력하면 되는 거고, 부족한 것이 있으면 채우면 되고, 네가 나한테 노력한 만큼만 하면 돼, 넌 항상 최선을 다하잖아. 그렇게

만 하면 잘 될 거야. 난 믿어."

여자 친구의 말을 들은 영석 님은 그간 자신이 지나치게 의기소침했다는 것을 깨달았습니다. 영석 님이 저에게 이렇게 말하더군요.

"생각해보면 전 항상 여자 친구에게 최선을 다했습니다. 사랑하는 사람에게 최선을 다하는 것이 저의 매력인데, 그것을 인정하지 않으니 저의 빈틈이 커 보였던 것 같아요. 여자 친구를 사랑하는 것처럼 나 자신을 인정하고, 사랑하면 되는 거였어요."

완벽하고자 하는 것이 나쁜 것은 아닙니다. 하지만 항상 완벽할 필요는 없습니다. 멋들어지려고 애쓸 필요도 없습니다. 가까운 사람일수록 어색하고 어눌해도 좋습니다. 빈틈이 보인다고 슬퍼하지 마십시오. 소중한 추억은 빈틈에서 나옵니다.

chapter 3.

어떤 상황에도 흔들리지 않기를

상처투성이 과거로 돌아가지 않는 마음 훈련

내 감정을
분석하는
7가지 질문

"엄마는 내가 사라지면 좋잖아"

유치원 원장으로, 초등학생 아들 2명을 키우는 서영 님은 초등학교 3학년인 막내아들 때문에 고민이 많습니다. 어느 날, 서영 님은 두 아들과 식사를 하려고 짬뽕을 2개 시켰습니다. 아이들이 먹는 양이 많지 않아 2개만 시켰는데, 막내아들은 배달 온 젓가락이 2개인 것을 보고 화를 내며 "왜 3명인데 젓가락이 2개야? 난 먹지 말라고?"라면서 짬뽕을 방바닥에 던졌습니다.

아이들을 키우면서 한 번도 심하게 야단쳐본 적 없는 서영 님이었지만, 그날은 막내의 버릇없는 태도에 화를 참지 못하고 손찌검하고 말았습니다. 그러자 막내아들은 울면서 집을 나가겠다고 했답니다. 깜짝 놀라 그게 무슨 말이냐고 화를 냈더니 아들이 "엄마는 내가 사라지면 좋잖아!"라는 것입니다. 눈앞이 캄캄해진 서영 님이 무슨 뜻인지 물었습니다.

"엄마가 '내가 왜 널 낳았는지 모르겠다'고 했잖아!"

아마도 자신도 모르게 혼자 했던 말을 아들이 들었던 모양입니다. 물론 그 말은 서영 님의 진심이 아니었습니다. 그러나 그 말은 아이 마음속에 짐으로 자리 잡고 있었습니다. 아이에게 그 말은 전부였을 것입니다. 서영 님은 아들을 끌어안고 펑펑 울었다고 합니다.

서영 님은 자신의 감정과 대화를 시도했습니다. '내가 왜 사랑하는 아들에게 그런 말을 했을까?', '내 감정은 무엇이었을까?', '이 감정은 어디에서 시작된 것일까?'.

저는 힘들어하는 서영 님에게 7가지 질문이 담긴 질문지를 주었습니다. 누구나 감정이 격해지면 그런 실수를 할 수 있습니다. 중요한 것은 같은 실수를 되풀이하지 않도록 자신의 감정을 되새겨보는 것입니다. 만약 마음에 없는 화를 내서 후회한 경험이 있다면 다음 질문을 하고 답을 달아보는 것도 좋습니다. 질문에 답을 하다 보면 왜 그렇게 화를 냈는지 실마리를 발견할 수 있을 것입니다.

① 어떤 상황에서 화가 나는가?

② 무슨 말을 할 때 화가 나는가?

③ 화가 나면 어떤 반응을 보이는가?

④ 상대방에게 꼭 해주고픈 말은 무엇인가?

⑤ 내가 상대방 입장이라면 이렇게 할 것이다.

⑥ ①~⑤ 질문에 "왜 그렇게 생각했는가?"라고 묻고 답하기.

⑦ 나의 감정에 이름 붙인다면 무엇이라고 붙일까?

위 질문에 서영 님은 다음과 같이 답을 했습니다.

① 어떤 상황에서 화가 나는가?: 막내아들이 물건을 던질 때입니다. 그것은 엄마인 나에게 반항하는 행동이며 예의 없는 행동입니다.

② 무슨 말을 할 때 화가 나는가?: 막내아들이 예의 없는 말을 할 때, 예를 들면 사람이 많은 곳에서 나에게 반말을 하면 화가 납니다.

③ 화가 나면 어떤 반응을 보이는가?: 주로 참습니다. 목소리는 크게 내지 않고 좋게 타이릅니다. 하지만 효과는 없습니다.

④ 상대방에게 꼭 해주고픈 말은 무엇인가?: 아빠에게는 예의 바르게 행동하면서 나에게는 왜 다른 아들이 되느냐?

⑤ 내가 상대방 입장이라면 이렇게 할 것이다: 예의 없는 말과 행동을 했을 때는 정중히 사과하고 다음부터 조심할 것입니다.

⑥ ①~⑤ 질문에 "왜 그렇게 생각했는가?"라고 묻고 답하기.

① 저는 가부장적인 가정에서 장녀로 자랐고, 예의 없는 말과 행동을 하면 아버지에게 회초리로 맞았습니다. 그래서인지 유독 아이들이 버릇없이 굴면 참지 못합니다.

② 첫째 아들은 나를 닮아 예의 바르고 얌전한 편인데 막내아들은 아빠를 닮아 나대는 성격인 것 같아 마음에 들지 않습니다. 특히 사람들과 함께 있을 때 아들이 예의 없이 행동하면 사람들이 내가 교육을 잘못했다고 생각할 것 같습니다. 남편도 사람들과 함께 있을 때 나를 무시하듯 말할 때가 있는데, 막내아들이 아빠를 따라 그런 행동을 하는 것 같다는 생각이 듭니다.

③ 화를 내보아야 상황은 더 안 좋아지니 참는 편이 낫습니다. 장녀는 모범이 되어야 한다는 아버지의 말이 뇌 속에 각인된 듯합니다.

④ 남편에 대한 불만을 말로 표현하지 못하고 있습니다. 그 화풀이를 막내아들에게 한 것인데, 그것 또한 막내아들은 알고 있었던 것 같습니다.

⑤ 아들이 해야 할 것이 아니라 제가 할 것을 이야기해야 할 것 같습니다. 남편이 저를 쉽게 대하는 태도와 말투가 너무

힘들었다고 남편에게 꼭 말하겠습니다. 그렇게 안 하면 제가 너무 힘들고 그 감정은 그대로 아이들에게 전달될 테니까요.

⑦ 나의 감정에 이름 붙인다면 무엇이라고 붙일까?: '안타까움'

항상 참고 기다려야 했던 서영 님은 그렇게 자신의 감정을 서서히 풀어놓기 시작했습니다. 참고 쌓아두는 것에 너무 익숙해져 싸울 힘도 없고 누구에게 터놓고 험담도 못했다고 합니다. 서영 님은 자신을 예의 바르고 모범을 보여야 하는 장녀로 키운 아버지가 미웠다고 합니다. 며칠 뒤 막내아들에게 어릴 때 있었던 일들을 이야기해주다가 자신도 모르게 울면서 가슴속 깊이 박힌 무언가가 터져나가는 느낌을 받았다고 합니다.

저 또한 저도 모르게 누군가를 미워하는 감정이 올라올 때가 있습니다. 마음속으로 '저 사람 잘못되었으면 좋겠다'라며 험한 생각을 한 적도 있습니다. 깜짝 놀라며 그런 생각을 없애려 해도, 비슷한 상황이 닥치면 또 비슷한 감정이 올라옵니다. 그런데 정말 그 사람 때문에 화가 나는 것일까요? 우리의 진짜 분노는 어디서 시작되었을까요?

영주 님은 남자 친구가 "넌 항상 왜 그래?"라는 말을 입버릇처럼 하는 것에 상처를 받아 이별했습니다. 어렸을 때부터 어머니에게 "넌 여자애가 하는 짓이 왜 이 모양이니?", "네가 하는 게 다 그렇지 뭐" 같은 말을 자주 들었는데 남자 친구마저 어머니와 비슷한 말을 하자 괴로웠다고 합니다. 그런데 정작 남자 친구는 헤어진 이유를 모른답니다.

저는 영주 님에게 "왜 남자 친구에게 그 사실을 알리지 않았어요?"라고 물었지만, 영주 님은 말한다고 해서 달라지지도 않고 고쳐지지도 않을 게 뻔하기 때문이랍니다. 예전에 어머니께 속상하다고 이야기했지만, 달라지지 않았다고 합니다.

"어머님께 어떻게 말했는데요?"

"그냥 '그만 좀 해'라고 했어요."

그래서 저는 무작정 그만하라고 하지 말고, 자신의 감정이 무엇인지 그 이름을 정확히 말해드리라고 했습니다. 짜증이 난 것인지, 수치스러운 것인지, 아니면 무시당하는 느낌이 들었던 것인지 말이죠. 그리고 남자 친구에게도 말하라고 했습니다. 그때 내 감정이 어땠는지를요. 그 사람이 달라지기를 바라지 말고 자신을 위해서 말하라고 했습니다.

영주 님은 어머니에게 "나도 엄마한테 인정받고 싶은데 엄마가 그런 말을 할 때마다 무시당하는 느낌이 들어서 힘들어. 특히 남동생 앞에서 그렇게 말할 때마다 수치스러워. 엄마가 순간 화가 나서 한 말일지 몰라도 난 너무 힘들었어"라고 말했다고 합니다. 영주 님은 미안하다는 말을 듣지는 못했지만, 당황하는 어머니의 표정을 보고 마음이 많이 풀렸다고 합니다.

사람들은 자신의 감정을 읽지 못하고, 이름 붙이지 못한 감정에 휘말려 상대에게 화를 냅니다.

"너 때문이야."

"네가 그러니까 내가 화가 나잖아."

"너만 없으면 난 자유롭다고."

정말 그럴까요? 이제부터 힘들더라도 자신의 감정을 찾아보아야 합니다. 앞에서 이야기한 7가지 질문이 감정을 찾는 데 도움이 될 것입니다. 질문에 답을 쓰기 싫다면 마음속으로 자신과 대화를 해도 됩니다. 감정의 이름과 이유를 찾았으면 상대방에게 용기 내어 말해야 합니다. 감정의 이름을 찾고 상대방에게 말하는 것은 상대방의 변화를 위해서가 아니라 나를 위해서입니다.

"사람이 너무 싫어요"

나윤 님은 과외 아르바이트를 하다가 사람이 너무 싫어져 고민이라고 합니다.

저는 고등학교 2학년 남학생 과외를 하고 있습니다. 처음에는 학생이 많이 부족하지만 시간이 지나면 나아질 거라고 생각하고 정말 열심히 준비했습니다. 제가 가르쳤던 학생은 마치 하얀 종이 같아서 고등학교 1학년 과정부터 가르쳐야 했습니다. 문제는 그 학생의 불성실한 태도였습니다. 숙제를 안 해오면 저는 왕복 4시간 거리인 그 학생의 집에 남아 숙제를 끝낼 때까지 봐주었고, 시험 기간이 되면 새벽 2시까지 남아 공부를 봐주었습니다. 그러나 그 학생은 아프다는 이유로, 또는 미리 말한 적도 없는 학교행사를 이유로 자꾸 수업을 빠졌습니다. 그래서 제 시간을 희생해 보강을 해주어야 했죠. 숙제를 안 해오는 것은 기본이고 가끔 저에게 버릇없이 행동하기도 합니다. 처음에는 나아질 거라고 믿었는데, 10개월이 지나도 나아지지 않았습니다. 저는 이제 지칠 대로 지쳤고, 이제는 그 아이의 메시지만 보아도 화가 치밀어 오릅니다. 사람 자체가 이렇게 싫어진 것은 너무 오랜만이라 어떻게 대해야 할지 모르겠습니다. 부모도 자식을 마음대로 못하는데 과외 선생이 어떻게 그 아이를 바꿀 수 있을까요? 좋은 선생님이 되지 못한 제 잘못일까요? 저라는 사람이 이것밖에 안 되는 걸까요? 그 친구를 그만 싫어하고 싶은데 잘 안됩니다. 과외는 앞으로 2개월 더 해야 합니다. 어떻게 해야 할까요?

안타까운 것은 나윤 님이 자신의 감정을 학생에게 한 번도 표현하지 못했다는 것입니다. 그러면 자신의 노고와 수고가 더 억울하게 느껴지고 배신감이 쌓이게 됩니다. 그러다 보니 학생의 메시지만 봐도 화가 나게 되고 결국은 사람 자체가 싫어지게 됩니다.

표현을 못하는 사람의 특징 중 하나는 속으로 '시나리오'를 쓴다는 것입니다. 그 시나리오 속에서 자신은 일방적인 피해자가 되고, 상대는 가해자가 됩니다. 상대방은 나에게 그만큼 기대하지 않았는데, 혼자 마음을 쓰고 상처받습니다. 나윤 님의 사연을 듣고 같이 강의를 듣는 수강생들이 "힘들지만 그냥 그러려니 하세요", "우리도 고등학생 때 그랬어요. 그냥 공부가 싫은 거예요", "마음을 비우세요" 같은 말을 해주었습니다. 그들의 말이 위로가 되었는지 다행히 나윤 님은 서서히 표정이 밝아지기 시작했습니다.

상대를 이해하기 힘들면 굳이 이해할 필요가 없습니다. 상대를 이해하기 전에 나 자신을 이해해야 합니다. 내 감정을 관찰하고, 감정의 원인을 찾아내어 인정하는 것입니다. 그런 다음 상대에게 내 감정을 표현해서 상황을 개선하면 됩니다. 얼굴을 보고 이야기하기 힘들면 메모를 보내도 되고 문자메시지를 보내도 됩니다. 다만 상대가 바뀌기를 기대하거나, 원하는 답장이 와야 한다고 기대해서는 안 됩니다. 내 감정을 표현하는 것은 어디까지나 나를 위해서 하는 일입니다.

저에게 자신의 감정을 분석해서 보내준 분이 계십니다. 함께 볼까요?

저는 제가 바라던 대학원에 진학했습니다. 스펙이 안 좋았던 저는 면접에서 승부를 보아야 했는데, 면접을 잘 보지 못했습니다. 포기한 상태로 다른 대학원을 준비했는데 예상 밖에 합격했습니다. 처음에는 날아갈 듯 기뻤습니다. 모든 것이 뜻대로 되는 듯했습니다. 그런데 위기는 금방 찾아왔습니다. 진학 후, 원하지 않았던 연구실에 들어가야 했습니다. 원하는 공부를 하지 못한다면 대학원에 진학할 이유가 없는 거라, 대학원을 제 발로 나가야 하나 싶었습니다. 눈앞에서 모든 것이 사라지는 기분이었고 불안, 우울, 무력감 등을 겪었습니다. 나만 이런 억울한 일을 당했을 리가 없다는 생각에 원하는 연구실에 가지 못해 자퇴했다는 사연을 일부러 찾아서 읽었습니다. 지금까지 한 노력이 아무 의미 없다는 생각이 들자, 아무것도 하고 싶지 않았습니다. 그러다가 이런 감정이 어떤 생각에서 나온 것인지 되짚어보았습니다. 어느새 '나는 이제 끝났어'라는 생각이 마음속 깊이 자리 잡았다는 것을 알게 되었습니다. 그래서 저는 '정말 모든 것이 끝났나?'라고 되물었습니다. 그랬더니 아직 제가 시도해볼 수 있는 일들이 남아 있었고 만약 대학원 진학을 포기한다고 하더라도 그다음이 있다는 것을 깨달았습니다. 가장 중요한 것은 제게 다가온 불안한 마음과 무기력함이 점점 사라지고 있다는 것입니다.

생각은 의지와 의도를 따르지만, 부정적인 감정은 그러한 과정 없이 훅 올라옵니다. 그동안 내 안에 있던 무엇인가가 치고 올라온 것입니다. 분노의 화살표가 상대를 향하면 잠깐은 통쾌할지 몰라도 내 안의 감정은 해소되지 못하고 남아 있게 됩니다. 해소되지 못한 부정적인 감정은 또 다른 모양새로 쌓여서 커집니다. 이 과정이 반복되면 나중에는 부정적인 감정이 올라오는 속도가 빨라집니다.

상처는 감정의 찌꺼기가 쌓여 있는 흙탕물과 같습니다. 건드리지 않으면 맑은 물이지만, 발을 담그는 순간 아래 쌓인 감정들이 수면 위로 올라옵니다. 부정적 감정의 이름을 찾아 표현하는 것은 흙탕물 밑에 쌓였던 감정 찌꺼기들을 끄집어내 없애는 과정입니다.

평생 갖고 살아온 성격이 어떻게 한 번에 바뀔 수 있냐고요? 당연합니다. 하지만 부정적인 감정의 역사를 찾아주고 이름을 붙여서 표현하면 감정이 올라오는 속도와 시간이 점점 줄어듭니다. 그리고 어느 순간 깨닫게 됩니다. “어, 아무렇지도 않네? 전 같았으면 화가 났을 텐데. 신기하네”라고요. 그리고 주변에서 “요즘 좋은 일 있어?”라는 소리를 듣게 됩니다. 내 안에 부정적 감정이 사라질수록 얼굴에 꽃이 피고 눈빛이 밝아지는 것은 너무나 당연한 일이니까요.

활짝 핀 장미꽃이 보이기 시작하면 우리 마음에 꽃이 피기 시작한 것입니다.

빗소리가 들리기 시작하면 행복이 다가온 것입니다.

아이의 힘들어하는 눈빛이 보이기 시작하면 부모가 된 것입니다.
부모님의 뒷모습이 보이기 시작하면 사랑이 시작된 것입니다.
부정적 감정의 찌꺼기가 쌓이면, 절대 느낄 수 없는 것들입니다.

마음의 평행선 맞추기

난 그 사람과 달라!

버스 정거장에 서 있는데 앞사람이 짜증을 냈습니다.

"뭐야! 물티슈가 아니잖아. 달랑 사탕 하나 들어 있네! 짜증 나."

길거리에서 홍보 차 나누어준 전단을 두고 하는 말이었습니다. 버스가 올 때까지 앞사람의 짜증은 계속되었습니다. 전단을 나누어준 사람은 아무 잘못도 하지 않았는데, 그 사람이 자신을 힘들게 했다면서 짜증을 냈습니다.

이렇듯 우리는 감정의 책임을 상대방에게 돌리는 경우가 있습니다. 길 가다 돌부리에 걸려 넘어질 뻔하면 돌을 보면서 불평하는 것처럼 말이죠. 자신이 만들어놓은 기대치에 미치지 못한다는 이유로 상대방에게 감정의 화살을 쏘고 마는 것입니다. 마음의 평행선을 맞추려면 물티슈를 받고 싶었던 기대를 돌려야 합니다. 사탕을 받아 실망한 자신의 마음 또한 돌려야 합니다.

4자매 중 막내로 태어난 미정 님은 어머니의 "언니는 이런데 너는 왜 이래?", "네 언니는 이렇지 않았다"라는 말이 가장 듣기 싫었다고 합니다. 언니들이 모두 명문대에 들어갔는데 미정 님은 재수를 하게 되자 어머니는 매번 "재수하니까 적어도 이름 있는 데는 가야지"라고 했답니다. 미정 님은 그런 말을 들을 때마다 자존감이 땅바닥에 떨어지는 기분이었다고 합니다. 미정 님은 똑 부러지는 언니들과 달리 우유부단한 성격이고, 한 가지 일에 집중하지 못해 스트레스를 받았다고 합니다.

나를 다른 사람과 비교하면 "난 이래서 안 돼", "저 사람은 저러니까 잘나가지" 같은 판단이 따라오게 됩니다. 미정 님은 어머니에게 비교를 당해 힘들었지만, 자신을 부정하거나 언니를 미워하는 대신 자신을 있는 그대로 받아들이려고 노력했습니다. 그랬더니 자신의 장점이 눈에 들어오기 시작했고, 언니에 대한 열등감도 극복할 수 있었다고 합니다.

제가 언니들처럼 공부를 잘하고 똑똑하며 우유부단하지 않고 현실을 직시하는 사람이었다면, 아무런 하자가 없는 사람이라고 할 수 있을까요? 그렇지 않습니다. 세상에 하자 없는 사람은 없으니까요. 반대로 장점이 없는 사람도 없습니다. 전 우유부단하지만 성격이 밝고, 늘 망상에 빠져 살지만 상상력이 풍부해 재미있는 이야기를 들려주곤 합니다. 우리는 모두 다릅니다. 누가 저보고 다른 사람을 닮으라고 말한다면 저는 말할 것입니다. '나는 그 사람과 달라'라고요.

세계적인 신경과학자이자 우울증 전문가인 앨릭스 코브Alex Korb는 『우울할 땐 뇌과학』에서 자신을 다른 사람과 자꾸 비교하면 비교를 담당하는 회로가 활성화된다고 말합니다. 이 회로가 활성화되면 다른 사람들 역시 나를 비교할 거라는 생각에 빠지기 쉬운데, 그러면 자신이 비판받고 배제된다고 느낄 수 있다고 합니다.

나를 인정하라는 것은, 무조건 받아들이고 수용하라는 것이 아닙니다. 나의 마음에 비교와 판단이 있다는 것을 알아차리는 것입니다. 마음이 평온하려면 좋은 것도 아니고 싫은 것도 아닌, 판단이 사라진 상태를 유지해야 합니다. 나뭇잎은 이슬이 고여 버티기 힘들어지면 주르륵 흘려보냅니다. 마음이 비교와 판단으로 힘들다면 이젠 그것을 흘려보내기 바랍니다.

마음의 평행을 맞추려면

대학 강의에서 만난 선혜 님은 배울 점이 많은 분이었습니다. 특히 선혜 님은 마음의 평행을 맞추는 자신만의 방법을 소개해주기도 했습니다.

> 마음의 평행을 맞추는 것은 생각보다 어렵지 않습니다. 저는 마음이 흔들릴 때마다 2가지 방법을 사용합니다.
> 첫 번째는 나의 잘난 점과 못난 점을 파악하고, 둘 모두 내 모습이라는 것을 인정하는 것입니다. 인정하는 저만의 방법은 글로 쓰는 것입니다. 제 못난 점이 보이면 그 상황과 그때 내 마음을 글로 씁니다. 쓴 것은 보지 않고 모아두었다가 매달 말일에 꺼내봅니다. 그러면 웃음이 나오기도 하고 '내가 이때 왜 이랬지' 하기도 합니다. 어떤 부분은 자연스럽게 고쳐지기도 하고 '내가 지금도 그렇구나'라고 넘어가는 부분도 있습니다. 단점을 고치려고 일부러 노력하지는 않습니다. 그래도 다음번에 같은 상황이 닥

치면 노트에 쓴 내용이 떠오르면서 전과 다르게 대처하게 되고 조금씩 성장하는 모습을 보게 됩니다. 그럴 때마다 저 자신을 칭찬해줍니다. 이렇게 성장한 모습과 칭찬 내용도 글로 남겼습니다. 100개 정도가 되었을 때 정리를 해보았는데, 가장 많이 나온 내용이 제 장점이라는 것도 알게 되었습니다.

두 번째는 뭐든 잘할 것이라고 믿는 것입니다. 새로운 일에 도전할 때마다 '좋지 않은 결과가 나오면 어쩌지'라고 걱정이 되기도 하지만, 아직 일어나지 않은 상황에 대해 내가 할 수 있는 최선은 '내가 최고야! 나는 잘할 거야!'라고 생각하는 것입니다. 설령 실패하더라도 '그게 뭐 어때서! 다음에 더 잘할 건데!'라고 생각하다 보면 도전을 망설이는 일이 줄어듭니다. '운명 또한 내 선택'이라고 할까요. 부정적인 사건이 벌어져도 '인생은 수없이 많은 갈림길의 연속이니까, 이 사건 역시 내 선택이 불러온 운명일 거야'라고 생각하고, 주어진 상황 자체를 있는 그대로 받아들입니다. 그리고 '나는 잘해낼 거야'라고 믿고 행동합니다.

저는 선혜 님에게 마음의 균형과 스스로에 대한 강한 믿음을 배웠습니다. 저는 제 강의에 대해 좋은 피드백만 보려 했고, 좋지 않은 피드백을 받으면 '이분은 강의를 잘 몰라'라고 하면서 인정하지 않았습니다. 하지만 선혜 님에게 배운 대로 글로 써보면서 객관적으로 저를 돌아보게 되었습니다. 수강생의 마음도 이해하게 되었고요. 지금도 휴대전화에 부정적인 피드백과 반박 내용을 저장해두고, 강의 전에 한번씩 봅니다. 그것은 저를 성장하게 하는 디딤돌이 되어 저에 대한 강한 믿음을 만들어줍니다.

'인연'과 '받아들임'으로 마음의 평온 찾기

저는 인연을 믿습니다. 사람과의 인연, 상황과의 인연 모두 믿으려고 합니다. 강의를 처음 시작할 때 저는 원래 살던 서울이 아닌 대전에서 자리를 잡아야 했습니다. 타지에서 지내려니, 집도 알아보아야 하고 이것저것 준비해야 할 것이 많아져 비용이 만만치 않았습니다. 하지만 전 인연을 받아들이기로 했습니다. "그래, 대전에서 사랑하는 사람을 만나려나 보다. 외롭지 않겠다. 대전에서 뭔가 나에게 좋은 일이 있나 보다!" 그리고 실제로 좋은 사람을 많이 만나고 좋은 경험도 많이 쌓았습니다.

2001년에 교통사고가 났습니다. 제가 타고 있던 차가 눈길에 미끄러져 다리 밑으로 떨어진 것입니다. 팔을 심하게 다쳐서 큰 수술을 해야 했고, 한 달을 입원해야 했습니다.

당시 저는 대학원에 다니면서 큰 프로젝트를 진행하고 있었지만 좌절하지 않았습니다. 분명 내가 다친 이유가 있을 것이라고 생각했습니다. '동기들은 열심히 실력을 쌓고 있는데 나는 지금 병원에서 뭐 하고 있나'라는 부정적인 생각이 사라지고, 프로젝트를 마무리 못한 죄책감에서도 벗어날 수 있었습니다. 부족했던 전공과목을 공부할 시간이 주어졌고, 같은 병실에 입원한 어르신의 인생 이야기를 들을 수 있어서 좋았습니다. 인연을 받아들이니 나는 지금 병원에 있고 환자라는 당연한 사실을 직시하게 되었습니다. 상황을 받아들이면서 내가 지금 해야 할 일을 할 자신감이 생겼습니다.

안 좋은 상황이나 사건이 닥쳤을 때 부정적으로 생각하면 결국 나만 손해 아닐까요? 긍정적으로 마인드 컨트롤하다 보면 신기하게도 정말 일이 잘 풀리곤 합니다. 상황에 따라 감정이 요동치지 않아 좋고, 마음이 평온해져서 좋습니다.

마음의 평행을 유지하는 것은 어려워 보이지만 그렇지 않습니다. 화가 나는 것은 그 사람이 내 생각대로 하지 않아서입니다. 생각은 판단이고 판단은 비교에서 옵니다. 비교는 하는 것이 아니라 되는 것입니다. 보고 싶지 않아도 보면서 비교가 되고, 듣고 싶지 않아도 들리면 비교가 됩니다. 친구와 비교하지 않으려 해도 세상이 그렇게 두지 않을 때도 많습니다.

나를 남들이 멋대로 비교하고 판단하기도 합니다. 그때마다 의지와 의도를 갖고 비교에서 벗어나는 연습을 해야 합니다. 자신만의 방법으로 마음의 평행을 유지해야 합니다. 물론 비교를 기반으로 성장하기도 합니다. 하지만 비교되었을 때 마음의 평행이 흔들린다면 비교에서 벗어나 마음의 중심을 찾아야 합니다. 생각도 마음도 모두 나에게서 나온 것이니 내가 주인이 되어야 합니다.

순수한 마음을 회복하는 법

마음의 영화 상영

우리는 평소에 얼마나 바쁘게 살고 있을까요? 지하철을 타면 사람들은 저마다 눈과 귀와 손을 바쁘게 움직입니다. 언젠가 휴게소에서 라면 먹는 분을 보았습니다. 그분은 라면 먹으랴, 휴대전화를 보면서 음악 들으랴, 통화하다 떨어진 영수증 주우랴 정신이 없었습니다. 과연 그분은 자신이 먹은 라면 맛을 느낄 수나 있었을까요?

어제 저녁에 먹었던 메뉴가 떠오르지 않는다면 온전히 식사했다고 할 수 없습니다. 식사할 때뿐만이 아닙니다. 사람을 만나도 눈앞의 상대에게 집중하지 못하고 다른 생각에 빠져 실례를 저지른 적이 있지 않나요? 이렇게 바쁜 삶을 살다 보면 어느 순간 '내가 제대로 살고 있나?'라는 의문이 듭니다. 몸은 바쁜데 마음은 허한 느낌도 들고요.

저는 하루를 마감할 때 자리에 누워 눈을 감고 조용히 그날 하루를 되짚어봅니다. 아침에 일어나 잠자리에 들 때까지 저의 하루를 순서대로 돌이켜봅니다. 저는 이것을 '마음의 영화 상영'이라고 합니다.

영화를 볼 때 마음에 들지 않는 대사나 장면이 나온다고 화면으로 들어가 고칠 수 없습니다. 그것처럼 일과를 수정하려고 하지 않고 영화를 보듯 그냥 바라보는 것입니다. 이때 감정이 들어가거나 상황을 판단, 비교하면 안 됩니다. 예를 들면 친구와 대화하던 장면을 상영하다 "그땐 내가 그런 말을 하면 안 되었는데 실수했네"라고 판단하면 안 됩니다. "그 친구가 그땐 오버했어. 그러면 안 되지!"라고 타인을 판단해서도 안 됩니다. 그냥 그 상황을 그대로 바라보아야 합니다. "난 이렇게 말했고 친구는 이렇게 말했다"라고 상황만 떠올리는 것입니다.

감정과 판단을 빼면 객관적인 자신의 모습이 보입니다. 익숙하지 않으면 마음의 영화 상영을 하는 도중에 잠도 들 것입니다. 중간에 다른 생각이 끼어들기도 할 것이고요. 괜찮습니다. 잠이 오면 잠이 들면 되고, 놓치면 처음부터 다시 시작하면 됩니다.

마음의 영화 상영을 하다 보면 뜻밖의 행운이 찾아오기도 합니다. 제 수업을 듣는 한 여학생이 어느 날 소중한 손목시계를 잃어버렸습니다. 온종일 학교 여기저기를 뒤졌지만 어디서 잃어버렸는지 도무지 생각이 나지 않아 찾지 못했다고 합니다. 그런데 그날 밤 마음의 영화 상영을 하다가 시계를 잃어버린 장소가 떠올랐다고 합니다. 마음이 불안한 상태라면 물건을 잃어버린 장소가 쉽게 떠오르지 않지만, 마음의 영화 상영을 하면서 마음이 평온해지자 잃어버린 장소가 떠오른 것입니다.

또한 마음의 영화 상영을 하다 보면 부정적인 생각이 사라집니다. 부정적인 생각을 없애려고 애쓰지 않았는데도 어느 순간 부정적인 생각이 사라집니다. 차분하게 마음을 가라앉힌 상태로 하루를 되돌아보면 잠도 잘 옵니다.

우리가 잠들어 있는 동안에도 뇌는 고난도 작업을 합니다. 기억을 담당하는 해마의 신경세포는 1,000만 개 정도 되는데, 자는 동안 정보를 정리한다고 합니다. 간혹 공부하면서 이해하지 못했던 내용을 자고 일어나서 이해하는데, 우리의 뇌가 밤새 정보의 이음새를 바꾸는 고난도 작업을 했기 때문입니다. 자기 전에 마음의 영화 상영을 하면 좋은 것도 이 때문입니다. 자는 동안 뇌가 열심히 일하면서 그날 있었던 일들을 정돈해줍니다.

저는 자기 전뿐만 아니라 낮에도 마음의 영화 상영을 합니다. 강의 전에 주차장이나 조용한 곳에서 5분 정도 마음의 영화 상영을 합니다. 강의의 전체적인 흐름을 생각하기도 하고, 어떤 대화를 나눌지 생각해보기도 합니다. 이렇게 하면 그날 수강생들에게 더욱 진실하고 열정적으로 다가갈 수 있게 됩니다.

잠들기 전 마음의 영화 상영이 지나간 하루를 돌아보는 필름이라면, 낮에 하는 마음의 영화 상영은 미래를 예상해서 상영해보는 것이라고 할 수 있습니다. 저는 늘 강의를 마치고 수강생의 기립 박수를 받는 모습을 상상하며 마음의 영화 상영을 마무리합니다. 그러면 놀랍게도 정말 강의가 끝날 때 기립 박수를 받습니다.

기적이 일어난 것일까요? 사실은 강의가 끝날 때마다 마음의 영화 상영을 이야기하며 경청해준 자신을 위해 박수를 쳐달라고 요청합니다. 그러면 대부분 웃으면서 박수를 보내주십니다.

2006년 방영된 KBS 다큐멘터리 〈마음〉에는 '이미지 트레이닝image training'에 관한 실험이 나옵니다. '멘털 트레이닝mental training'이나 '상상 훈련'이라고 하는 이 정신 훈련법은 실제 근육 운동을 하지 않은 채, 마음속으로 근육 운동을 하고 있다는 상상을 하는 것입니다.

피험자는 팔이나 손가락을 특정 부위에 올려놓고 마음속으로만 근육을 강하게 수축시키는 상상 훈련을 했습니다. 훈련 시간은 10~15분 정도로, 총 50회를 반복하면서 매 10초씩 마음속으로 근육을 강하게 수축하라고 했습니다. 4개월간 훈련한 결과, 젊은이와 노인 모두 15퍼센트 정도 근육이 강화되었습니다.

인간의 뇌는 상상과 실제 행동을 잘 구분하지 못합니다. 상상이 반복되면 진짜 그렇게 되도록 뇌가 돕습니다. 운동선수들은 경기에서 이기거나, 좋은 성적을 받는 자신을 상상하면서 이미지 트레이닝을 한다고 합니다. 〈마음〉에도 역도 선수들이 목표하는 중량을 들어 올리는 상상을 하는 장면이 나옵니다. 실제로 그 무게를 들 수 있도록 준비하는 것입니다.

수많은 연습이 반복되면 기술이나 동작이 습관이 되어 실전에서 무의식적으로 실력을 발휘할 수 있습니다. 이미지 트레이닝은 일상생활에서도 사용할 수 있습니다. 중요한 회의 전에, 발표 전에, 또는 중요한 만남 전에 멋지게 성공하는 내 모습을 상상해보세요. 상상은 곧 현실이 될 것입니다.

자존감
거인이 되는
3가지 방법

첫째, 감정을 표현하세요

어린 시절부터 심한 아토피와 소심한 성격, 왜소한 체구로 왕따를 당해온 민현 님. 민현 님의 꿈은 가정을 꾸리는 것입니다. 민현 님은 아토피 약의 부작용으로 쿠싱증후군을 앓으면서 외모가 변했습니다. 팔다리에 비해 지나치게 굵어진 허리, 점점 커지는 얼굴, 살이 쪄서 축 처진 배에 여성호르몬 증가로 여성화 증상까지 나타났습니다.

외모가 변하다 보니 사람들을 마주할 자신이 없어졌고, 어차피 아무도 상대해주지 않으니 나만 즐거우면 된다는 생각에 10대 내내 게임과 폭식에 빠져 있었다고 합니다. 그러다 대학생이 된 후에야 잊고 있었던 꿈을 다시 생각해냈습니다.

하지만 115킬로그램에 육박한 몸과 아토피로 엉망이 된 피부는 민현 님에게 시련을 안겨주었습니다. 여학생들은 그를 피하고 남학생들조차도 민현 님과 말을 섞으려고 하지 않았습니다. 21세에 입대해서 24킬로그램 감량에 성공했지만, 입에 담지 못할 모욕과 폭력을 견뎌내야 했다고 합니다. 한 번도 여자 친구를 사귀어보지 못했다고 '모태솔로'니 '모자란 병신' 같은 편견 어린 꼬리표가 민현 님을 계속 따라다녔습니다.

민현 님은 손목을 그어본 적도 있고, 약을 과다 복용해본 적도 있습니다. 이대로는 안 되겠다고 느낀 민현 님은 복학 후, 죽도록 열심히 공부했습니다. 그 결과 교수님께 인정을 받으며 시험문제 출제를 돕고, 연구를 보조하게 되었습니다. 그러자 학과 친구들도 민현 님에게 다가오기 시작했습니다.

민현 님에게도 봄날이 오는 것 같았지만 아니었습니다. 또 다른 겨울의 시작이었습니다. 새로 사귄 친구들은 끊임없이 시험문제와 수업 자료 유출을 강요했습니다. '이 친구들은 나라는 사람보다는 내가 가진 지식이나 다른 것을 중요시하는구나', '나는 그런 것보다 가치가 떨어지는구나' 이런 생각에 사로잡힌 민현 님은 고민했습니다. '나는 뭐가 문제일까?', '나는 왜 다른 사람들과 친해지려고 했을까?', '나는 무엇으로 행복해질 수 있을까?', '연애를 못할 것이라면 이제 그만 포기하는 게 낫지 않을까?' 어느 날 민현 님이 제게 "저 같은 사람은 왜 사랑을 생각할수록 불행해지는 것일까요?"라고 물었습니다.

저는 민현 님의 사연을 듣고 안타까운 마음이 들었습니다. 첫 번째는 가족을 포함해서 주변 사람 중 단 한 사람도 민현 님의 마음을 따뜻하게 안아주지 않았기 때문이고, 두 번째는 주변에서 받은 상처 탓에 민현 님이 세상을 색안경을 끼고 보고 있다는 생각이 들어서였습니다.

저는 민현 님에게 일주일에 3일 이상 제게 메일을 보낼 것을 제안했습니다. 일기를 쓰듯 하루 있었던 일과 그 속에서 일어난 감정을 솔직하게 보내달라고 했습니다.

민현 님은 약속을 잘 지켰습니다. 일주일에 5일 이상 메일을 보냈습니다. 처음 몇 주는 부정적인 단어와 감정이 대부분이었는데, 시간이 지나면서 조금씩 자신의 감정을 솔직히 바라보게 되었고, 세상과 사람들을 향해 있던 날 서 있던 시선과 감정이 조금씩 부드러워졌습니다.

민현 님이 좋아진 이유는 자신에게 일어난 상황과 감정을 표현했기 때문입니다. 민현 님은 "신기하게도 매일 글을 쓰다 보니 달라지는 게 느껴져요. 감정의 기복이 심할 때도 있지만 요즘은 팔짱 끼고 다니는 연인을 봐도 불편하지 않아요. 객관적으로 제 감정을 보게 되면서 저 자신을 그대로 받아들이게 되었습니다. 지금은 저 자신만 생각하기에도 시간이 모자라요. 감사합니다"라고 말해주었습니다.

제가 30만 명이 넘는 사람을 만나면서 깨달은 것이 있다면, 누구나 자신만의 상처가 있고, 그것을 숨기려 한다는 것입니다. 꿈이 없어서 힘들어하는 것보다, 돈이 부족해서 힘들어하는 것보다 큰 고통은 내 이야기를 들어줄 사람이 없다는 것입니다. 친구가 아무리 많아도 맘 편히 내 이야기를 할 친구가 없으면 힘들 수밖에 없습니다.

그런데 우리가 꼭 알아야 할 것은, 친구가 내 이야기를 들어줄 준비가 안 된 것이 아니라 내가 마음을 열 준비가 안 된 경우가 더 많다는 것입니다. 내가 마음을 열 때 친구도 마음을 열어줍니다.

내 아픔이 나만의 아픔이 아님을 알아야 합니다. 그리고 내 안에 있는 상처를 이야기로든, 글로든, 아니면 그림이나 노래로든 표현해야 합니다. 상처를 말하는 데 거부감이 들 수도 있고, 남이 나를 어떻게 생각할까 걱정될 수도 있습니다. 그러나 젖은 옷을 옷장에 두면 안 되는 것처럼 상처받은 마음도 꺼내놓아야 합니다. 공기와 바람을 쐬어주어야 옷이 망가지지 않듯, 상처도 꺼내놓아야 치료할 수 있습니다.

둘째, 나를 인정하고 타인과 비교하지 마세요

고故 강영우 박사가 레이건 정부 시절 백악관 정책 차관보로 일할 때 '인간이 신이 준 능력을 다 쓰지 못하는 이유'라는 독특한 주제를 연구했다고 합니다. 놀랍게도 그 이유는 '자존감이 떨어져서'라고 합니다.

건강한 자아를 유지하려면 자존감과 자신을 긍정하는 태도가 아주 중요합니다. 그렇다면 자존감은 왜 떨어질까요? 자신을 남과 비교하고 자신을 낮출 때 자존감이 깎입니다. 어린 시절부터 "안돼", "하지 마", "남들은 잘하는데 넌 잘하는 게 뭐니?" 같은 부정적인 말을 들으면 자존감이 낮은 사람으로 자랄 위험이 커집니다.

자존감이란 쉽게 말해 '내가 나를 인정하고 사랑해주는 것'입니다. 나의 진짜 모습을 잊은 채 남에게 사랑받고 인정받는 것에 몰두해서 슬퍼도 웃고, 힘들어도 웃고, 무조건 이해하는 척하다 보면 진짜 나를 잃어버리게 됩니다. 입으로는 괜찮다고 하는데 눈에서는 눈물이 흐르기도 합니다.

예은 님은 초등학교 5학년 때 부모님의 이혼을 겪었지만, 남들과 자신을 비교하지 않습니다. 물론 처음에는 예은 님도 큰 충격을 받았습니다. 부모님이 이혼한 후에는 자신감도 없어지면서 행복한 가정에서 자란 친구를 대할 때마다 가면을 쓰게 되었습니다. 부모님을 원망하고 자신의 처지를 비관하면서 성적도 떨어지고 의욕을 잃기도 했습니다.

하지만 시간이 흐르면서 상황이 조금씩 나아졌습니다. 우선 한 달에 한 번씩 아버지를 만날 수 있게 되었습니다. 아버지는 이혼 후에도 예은 님에게 꾸준히 연락하면서 관심을 주고 지지해주셨다고 합니다. 덕분에 예은 님은 부모님의 이혼이라는 트라우마를 조금씩 지워나갈 수 있었습니다. 두 번째는 여덟 살 차이 나는 남동생 덕분입니다. 예쁘고 어린 동생을 보호해야 한다는 생각이 열심히 살아야겠다는 다짐으로 이어졌다고 합니다.

저는 다른 이혼 가정에 비해 신체적으로나 심리적으로나 부유하게 자라왔다고 생각해요. 저는 사람이든 사물이든, 모든 것과 비교하며 살았습니다. 하지만 비교하면 할수록 힘들어지는 것은 내 자신이었습니다. 사람은 누구나 상처가 있습니다. 하지만 상처의 크기는 중요하지 않습니다. 그 상처를 받아들이는 마음의 크기가 중요합니다.

셋째, 자신감부터 챙기세요

베란다에 모셔두었던 MTB 자전거를 오랜만에 타려 하니 뒷바퀴에 바람이 빠져 있습니다. 타이어에 바람을 넣으려고 자전거 가게에 가는데 사람들이 힐끗 쳐다봅니다. 선수 뺨치는 사이클 전문 복장에 헬멧, 장갑, 신발까지 완벽하게 갖추고는 자전거를 타는 것이 아니라 들고 가는 모습이 이상해 보였겠지요. 그런데 자전거 가게는 문이 닫혀 있었고, 저는 자전거를 들고 집까지 되돌아가야 했습니다.

이렇게 운이 없는 것을 보니, 주인을 잘못 만나 제대로 달리지 못한 자전거가 심통을 부렸나 봅니다. 얼굴이 멀어지면 마음도 멀어진다 했는데, 제가 그랬던 것 같습니다. 기껏 큰마음을 먹고 구매한 자전거를 내내 방치만 했으니까요. 기계도 그러한데 사람은 오죽할까 싶습니다. 사랑한다는 표현을 자주 하지 않으면 사랑도 바람이 빠집니다. 마찬가지로 자신에게 관심과 사랑을 주지 않으면 자존감의 바람도 빠지게 됩니다.

영훈 님은 자존감을 높이려면 자신감부터 챙겨야 한다는 것을 깨달았습니다.

자신감은 꼬리에 꼬리를 무는 것 같습니다. 제가 콤플렉스를 하나씩 이겨나가고, 내면적으로나 외적으로나 성숙할 수 있었던 계기는 옷에 관심을 가지면서입니다. 예전에는 외모에 자신이 없어 쇼핑을 즐기지 않았는데, 어느 날부터인가 외모보다는 나 자신에게 어울리는 스타일을 찾는 것이 중요하다는 생각이 들어 적극적으로 쇼핑을 하기 시작했습니다. 그리고 어떤 브랜드가 나에게 맞는지, 어떤 컬러와 스타일이 나에게 맞는지 알면서 쇼핑에 자신감이 붙기 시작했습니다. 예전에는 명품관은 눈치가 보여 들어가지 못했지만 이제는 굳이 사지 않아도 당당히 매장에 들어갑니다. 물어볼 것이 있으면 물어보고 당당히 나옵니다. 어느 날은 명품관 매니저가 지금 구매하면 30퍼센트 할인해준다고 했는데, 저는 “내년에 살 것입니다”라고 말했습니다. 예전이라면 직원이 권유하면 차마 거절하지 못하고 사고 싶지 않은 물건도 억지로 샀을 것입니다. 농구를 좋아하면서도 키가 작으니 후보에 만족했던 제가 이제는 당당히 주전으로 나갑니다. 당당하고 자신감 넘치니 제 자존감도 함께 높아짐을 느낍니다.

첫술에 배부를 수 없듯 자존감도 한 계단 한 계단 올라가야 합니다. 친구가 두 계단씩 올라간다고 비교할 필요 없습니다. 나는 나의 속도를 인정하고 그것에 맞추어 올라가면 됩니다. 넘어질 수 있습니다. 손잡아줄 사람이 없을 수도 있습니다. 자존감은 그러면서 조금씩, 조금씩 쌓이는 것입니다.

"우리가 넘어지는 이유는 똑바로 일어설 수 있는 법을 배우기 위한 것이다."

-영화 〈다크 나이트〉 중에서

내 소리로
감정
안아주기

욕이라도 시원히 하면 좋을 텐데

발성과 표현을 공부하려고 연기 수업을 받을 때입니다. 연기 선생님은 심한 욕이 들어간 대사를 주고 해보라고 하셨습니다. 저는 나름대로 감정을 담아 연기했지만 쉽지 않았습니다. 연기 선생님은 "살면서 욕해본 적 없죠?"라고 웃음 섞인 질문을 하셨습니다.

강하고 자유로운 표현은 누군가에게 피해를 주거나 상처를 주는 것이 아닙니다. '강한 표현을 하면 나쁜 사람이 되는 것 아닌가?'라고 경계하는 사람도 있습니다. 하지만 자유로운 표현은 자유로운 표현일 뿐입니다. 피해를 입은 사람이 있다면, 표현을 받은 사람이 아니라 표현을 못한 사람일 것입니다. 아직 만나지 못한 방대하고 멋진 내가 있는데, 표현의 마지노선을 정하고 그 안에서 살다 가면 억울하지 않나요? 표현의 마지노선을 넘어야 합니다. 우리 안에 나오지 못한 에너지가 있다면 밖으로 내보내야 합니다.

처음에는 너무 힘들었던 욕 연기를 소화하자 기분이 묘하게 좋아졌습니다. 왠지 모를 통쾌한 기분, 내 안에 막혔던 무언가가 뻥 뚫리는 기분이 들었습니다. '내 안에 욕을 하고 싶은 욕구가 이렇게 많았다니. 평소에 눌러 참고 살았구나. 내 안의 마지노선이 상당히 두텁고 높았구나'라는 생각이 절로 들었습니다.

욕 연기 수업 다음에는 화나고 억울했던 상황을 발표하는 시간이 이어졌습니다. 저는 예전에 정말 미워했고, 저를 늘 억울하게 했던 상사에 대해 발표했습니다. 그런데 연기 선생님은 제 발표를 중지시키고 그때 무슨 말을 하고 싶었는지 물어보셨습니다. 저는 머뭇거렸습니다. 어쩌면 제 이미지를 지키고 싶었나 봅니다. 그런데 연기 선생님이 제 대신 하고 싶었던 말을 쏟아내주었습니다.

어떻게 저한테 그럴 수 있습니까! 제가 월요일부터 금요일까지 9시에 출근해서 밤 12시에 퇴근하면서 불평, 불만한 적이 있기나 해요? 일하면서 단 한 번이라도 실수한 적이 있습니까? 그런데 나가라니요! 솔직히 말씀하시죠. 저보다 피드백이 나쁘니까 선배 배알이 꼬인 거 아닙니까! 실력이 모자라면 인정하셔야 하는 거 아닙니까? 부끄럽지 않습니까!

순간 울컥하면서 눈가가 붉어지기 시작했습니다. 울음이 나오는 것을 그대로 두어야 했지만 두 손을 움켜쥐고 참았습니다. 강의 때는 눈물을 참지 말라고 하면서 정작 저는 눈물을 참았던 것입니다. 제가 하고 싶었던 말을 대신해준 연기 선생님이 고마웠습니다. 그다음 수업 때는 제가 직접 소리를 지르며 발표를 했고 점점 마음이 가벼워졌습니다.

저는 이 경험 이후 다른 사람에게도 하고 싶지만 못했던 말들을 글로 쓰고 소리 내어 표현해보라고 합니다. 그때 상황으로 돌아가 내 감정을 표현하는 것입니다.

직장인 은미 님은 상사를 생각하며 "그래, 나 영어 못한다. 어쩔 건데!"라고 하니 기분이 좋아졌다고 합니다. 외국 바이어에게 보내는 초청장 메일에 문법이 틀린 것을 지적당한 후 상처가 생겼다고 합니다. 중학생 성준 님은 "난 기계가 아니에요! 기계가 아니라고요!"라며 소리를 지르다 눈물을 흘렸습니다. 어머니의 큰 기대와 잔소리 때문에 너무 힘들었던 일이며, 자신이 힘든 만큼 어머니도 힘들었으면 해서 일부러 술 · 담배를 했던 일들이 생각이 나서 그랬답니다.

숨겨져 있는 상처나 억울했던 사정을 바로 이야기하기 힘들 때는 소리를 내어 그때의 감정을 만나고 안아주고 다스려주는 것이 필요합니다. 성준 님은 그날 이후 어머니에게 용서를 구했습니다. 나중에 성준 님의 어머니에게 전화가 왔습니다. 어머니는 "강사님 정말 감사합니다. 사실 얼마나 좋아지겠나? 별 기대하지 않았는데, 아이가……"라고 하면서 우셨습니다.

개인 상담과 다르게 여러 명이 모인 자리에서는 속에 있는 이야기를 꺼내기가 쉽지 않습니다. 그래서 저는 우선 하고 싶은 말을 글로 적어보라고 합니다. 그리고 벽이나 거울을 보면서 감정과 대화해보라고 합니다. 그런 다음 그 당시 감정을 가장 잘 표현할 수 있는 한 문장을 소리 질러 표현해보게 합니다. 한 사람이 먼저 용기를 내어 시작하면 도미노처럼 서로서로 이야기를 꺼냅니다. 그렇게 서로 경청하고 맞장구쳐주면서 위로를 받습니다.

일상에서는 소리치며 감정을 표현할 마땅한 장소를 찾기가 쉽지 않습니다. 집에서조차 마음 놓고 소리 지를 수 없습니다. 제가 가장 좋아하는 방법은 차 안에서 소리를 지르는 것입니다. 할 말도 없고 울적할 때는 노래를 부르기도 합니다. 지금 내 마음을 달래주는 노래면 더욱 좋습니다. 어느 날은 사연 있는 노래를 부르다 눈물이 나오기도 하고, 어떤 날은 기분이 좋아지기도 합니다. 옆 차가 보든 말든 신경 쓰지 않습니다.

누구나 가끔은 '나만의 공간'이 필요합니다. 나만의 공간에서 "제발 말 좀 해"라고 외치다 보면 감정과 친해지기 시작합니다. 차가 없다면 노래방을 추천합니다. 신나고 시끄러운 음악을 틀어놓고 마이크 없이 하고픈 말을 쏟아내면 됩니다. 노래방처럼 막힌 공간이 싫으면 야구장이나 축구장도 좋습니다. 굳이 감정을 이야기하지 않아도 소리 내어 크게 응원하는 것만으로도 도움이 됩니다.

하고 싶은 말 참지 마세요

운동선수들은 기합을 지릅니다. 소리를 지르면 자연스럽게 허리가 굽어지면서 배에 힘이 들어갑니다. 기합을 지른 뒤에는 공격을 당하더라도 충격을 덜 받고, 공격하는 힘이 더 강해지기도 합니다. 운동 시 기합을 지르는 행위는 운동뉴런을 활성화해 근력을 올려준다고 합니다.

동물과 인간을 막론하고 큰 힘을 내려면 본능적으로 목청을 높입니다. 맹수도 적을 위협하려고 포효합니다. 높은 데시벨의 소리는 상대의 사기를 떨어뜨립니다. 야생 호랑이의 포효를 실제로 들으면 저절로 다리에 힘이 풀리는 것도 이런 원리입니다.

강의하다 보면 다양한 반응을 보게 됩니다. 소리 내어 온몸으로 웃는 사람도 있고, 소리 내어 얼굴로 웃는 사람도 있고, 입가에 미소만 띠는 사람도 있습니다. 웃지 않는 사람, 눈치 보며 따라 웃는 사람도 있습니다. 저는 눈치를 보며 따라 웃는 사람을 볼 때가 가장 슬픕니다. 내 감정의 결정을 타인에게 맡기기 때문입니다. 내게서 나오는 감정을 억지로 누르거나 막지 마십시오. 웃을 일이 있으면 소리 내서 웃고, 웃기지 않아도 가끔은 그냥 소리 내서 웃으세요. 뇌는 진짜 웃음과 가짜 웃음을 구별하지 못합니다. 가짜 웃음은 종종 진짜 웃음을 유발합니다. 슬프면 소리 내서 울면 됩니다. 위로받을 때 나오는 눈물은 면역력을 높여준다고도 합니다.

작심 3일,
7번만
반복하자

"아들에게 손찌검을 했어요"

7주 리더십 과정을 듣던 민수 님이 어느 날 술 한잔을 하자고 하십니다. 술자리가 무르익자 고민 이야기가 나왔습니다. 어제 아들에게 손찌검했는데 아들이 자신을 무시하는 듯한 기분이 들어서였다는 것입니다.

민수 님에게는 두 자녀가 있습니다. 아들은 중학교 3학년, 딸은 중학교 1학년인데 어렸을 때는 일 끝나고 집에 가면 달려와 안기던 아이들이 어느 순간부터 눈도 마주치지 않은 채 인사만 하고 자기 방으로 들어가버린다고 합니다.

하루는 치킨을 사 들고 들어가 수업 때 배운 대화법을 사용해 보려고 했답니다. 모처럼 일찍 귀가했는데도 자녀들이 나와 보지 않아 화가 났지만, 아내가 옆구리를 찌르며 "애들 시험 기간이잖아.

조용히 해"라고 말하기에 시험이 끝나기를 기다렸습니다. 그리고 시험이 끝난 날 피자를 사 들고 갔는데 아이들은 지난번처럼 자기 방으로 쏙 들어가 버렸습니다.

결국 민수 님은 화를 참지 못하고 아들에게 손찌검을 하고 말았습니다. 민수 님은 아차 싶었습니다. 아들도 놀라고 아내도 놀라는 모습을 보니 쥐구멍에라도 들어가고 싶은 심정이었다고요.

민수 님의 말을 듣고 제가 제안했습니다. 오늘은 술을 드셨으니, 오늘 말고 내일 일찍 들어가셔서 아들을 안아주면서 "아들아 아빠가 믿는다"라는 말만 하고 나오시라고요.

민수 님은 다음 주에 와서 시도는 했는데 실패했다고 했습니다. 용기 내서 아들 방에 노크를 하고 들어갔는데, 아들이 컴퓨터 모니터를 보면서 대답해서 화가 났다고 합니다. 그래도 감정을 추스르고 부드러운 목소리로 "아들, 아빠가 할 말이 있다. 이리 와봐"라고 했지만, 아들은 "거기서 하세요"라고 했다고 합니다.

화가 났지만 꾹 참고 "아들아 오랜만에 아빠랑 대화 좀 하게 이리 와봐"라고 하자, 아들이 고개를 푹 숙이고 왔다고 합니다. 민수 님은 용기 내어 아들을 안아주면서 '아들아 아빠가 믿는다'라고 말하려고 했습니다. 그런데 아들이 팔을 뿌리치며 "에이, 왜 이러세요. 어색하게. 어디서 또 교육받고 왔어요?"라고 했다는 것입니다.

저는 곰곰이 생각하다가 아들에게 문자메시지 보내자고 제안했습니다. 민수 님은 그날 못한 말을 대신해서 "아들아 아빠가 아들 믿는다. 사랑한다"라고 문자메시지를 보내셨습니다. 아들의 반응은 없겠지만 아들은 힘들 때마다 그 문자메시지를 볼 것입니다.

> 저는 아이들 학원비 대주고, 방학이면 해외여행 보내주고, 해달라는 거 다 해주는 것이 아빠의 역할이라고 생각했습니다. 힘들게 일해서 다 해주었는데, 정작 아이들은 저를 무시하는 것 같아서 속상하고 초라해지는 것 같았어요. 그런 기분이 손찌검으로 표현된 것 같아요. 창피하네요.

아이들은 부모님이 무슨 일을 하는지, 사회에서 얼마나 영향력이 있는지를 궁금해하지 않습니다. 그보다는 부모님이 지금 내 고민을 알고 있는지, 내 고민을 들어줄 것인지, 나에게 관심이 있는지를 궁금해 합니다.

어색한 것이 익숙해질 때까지는 3주가 걸립니다. 습관을 만들고 싶다면 단 하루도 빠지지 않고 21일 동안 연속해야 합니다. 민수님은 이제 하루 시도했으니 엄청 어색했을 것입니다.

저는 습관을 만드는 실험을 해보았습니다. 새벽 6시에 자명종을 맞추어놓고 3주 동안 매일 같은 시간에 일어났습니다. 그러고 나니 알람을 맞추지 않았는데도 6시면 눈이 떠졌습니다. 아이를 낳은 뒤 산후조리 안전 기간도 3주, 병아리가 알을 깨고 나오는 부화 기간도 평균 3주라고 합니다. 인간의 피부 세포가 만들어지고 죽는 기간도 약 3주입니다.

한 어머니는 아들에게 용기를 주려고 했다가 "우리 아들 믿는다. 그런데 숙제는 했니?"라고 자기도 모르게 숙제 이야기를 꺼냈다고 합니다. 공부하라는 말이 습관이 되어버린 것이죠. 지방에 있는 노인복지회관에서 만난 한 할아버지는 "나도 다 해봤어. 안하던 걸 갑자기 하면 이상한 사람 취급받아"라고 하셨습니다. 그러나 저는 그렇게 생각합니다. 21일 동안 해보지 않았다면 '해보았는데 안 되더라'라는 말을 할 자격이 없다고요. 작심 3일이라고 슬퍼할 필요 없습니다. 작심 3일을 7번만 반복하면 21일이 되니까요.

아버지와 농담을 주고받은 적이 없던 경수 님은 큰마음을 먹고 아버지에게 전화를 드렸는데 아버지가 "용돈 필요하냐?"라고 하셔서 너무 창피했다고 합니다. '아, 내가 돈이 필요할 때만 전화를 드렸나'라는 생각이 들어서요. 그래도 날이 추우니 건강 챙기시라고 말씀드리고, 끊기 전에 용기를 내서 "아버지 사랑합니다"라고 부끄러움을 참고 말씀드렸는데 정적이 흐르고 괜히 말했나 싶을 때쯤 아버지가 "술 먹었냐? 술 먹지 말고 공부 열심히 해라"라더니 전화를 끊으셨다고 합니다. 그런데 그날 이후로 아버지가 전화하는 횟수가 눈에 띄게 많아졌다고 합니다.

목표보다 과정을 즐기자

연식 님은 빵집에서 샌드위치를 만드는 아르바이트를 합니다.

> 평소 요리를 좋아해서 쉬운 일을 하게 되었다고 생각했어요. 하지만 요리를 하는 것과 빵을 다루는 것은 다른 문제였고, 예쁘게 만드는 것도 어렵더라고요. 특히 체인점에서는 정해진 시간 안에 물량을 맞추는 것이 중요한데, 처음 하는 일이라 버거웠습니

다. 몇 주간은 할당량을 채우지 못하고 사장님께서 도와주셔서 겨우 일을 마쳤습니다. 그러다 보니 나 자신에게 화가 났습니다. 그런데 볼링을 치다가 한 가지 사실을 깨달았어요. 볼링을 시작할 때는 공도 제대로 굴릴 줄 몰랐는데, 지금은 꽤 잘 치게 되었다는 거예요. 게임을 하는 매 순간 즐기면서 집중하고, 침착하려고 노력했던 것이 성과를 거둔 것이죠.
이것을 다른 일에도 적용할 수 있겠다는 생각이 들었습니다. 아르바이트를 하면서도 처음 하는 일인데 잘 할 수 없으니 즐기기부터 하자는 생각을 했습니다. 자연스럽게 실수가 줄고 목표량을 채우게 되었어요. 목표를 향해 나아가는 것도 중요하지만 그 과정을 즐기는 것도 똑같이 중요합니다.

목표만 보고 달리는 것이 힘들다면 지금 겪고 있는 과정을 즐겨야 합니다. 정상만이 산이 아니라 올라가는 도중도 산이라는 사실을 잊지 마세요.

교육기관에서 컨설팅할 때였습니다. 많은 사람을 만나고 통화하다 보니 이름을 잘못 부르거나 통화 내용을 기억 못해 실수하는 일이 잦았습니다. 그래서 통화 수첩을 만들었습니다. 오랜만에 통화해도 당황하지 않게 되었고, 상담에도 큰 도움이 되었습니다. 한 번은 통화를 하는데 담당자의 아들이 자전거를 타다가 팔이 부러져 병원에 가는 중이라고 했습니다. 전 그 내용을 수첩에 적고 다음 주에 안부 전화를 드렸습니다. 그 담당자는 기억해주어서 고맙다며 저에게 교육을 맡겨주었습니다.

그 뒤로 저는 수첩에 그날 만난 사람과 있었던 일을 상세히 적기 시작했습니다. 한 번은 제 기록이 상사의 소송에 중요한 도움이 되기도 했습니다. 처음에는 질서 없이 메모했지만, 시간이 지나면서 저만의 노하우가 쌓여 꽤 효율적인 수첩이 되었습니다. 한 해를 마무리할 때 그 수첩을 보면 1년간 열심히 살아온 흔적이 고스란히 담겨 있어 뿌듯해지곤 합니다. 그 수첩들이 저의 재산목록 1호입니다.

사람마다 끓는 온도가 다릅니다. 친구가 공부를 잘한다고, 발표를 잘한다고 비교하고 기죽을 필요 없습니다. 그 친구는 공부의 끓는 온도가 낮아서 조금 빠르게 끓은 것 뿐이니까요. 중요한 것은 나는 어떤 분야에서 빨리 끓어오를 수 있는지 유심히 관찰하는 것입니다. 그런 후 나의 끓는 온도에 맞추어 나에게 잘 맞는 일을 반복하면 됩니다.

chapter 4.

진심으로 당신과 잘 지내고 싶습니다

다 함께 행복한 소통의 기술

파도 없는
바다를
계속 바라본다면?

늘 한결같은 사람은 없다

오래 전에 30년 지기 친구에게 손편지를 받았습니다. "평생 함께하고픈 친구에게"로 시작하는 친구의 편지에는 이런 대목이 있습니다. "강산이 변하면 사람도 변하는데 너는 항상 똑같은 마음이구나. 그렇게 산다는 게 쉬운 일이 아닌데." 처음 편지를 읽을 때는 제 마음을 알아준 친구가 정말 고마웠습니다. 그런데 시간이 지나 다시 꺼내보니 어쩐지 씁쓸한 기분이 들었습니다. 늘 한결같다는 말은 좋은 뜻일 텐데 왜 그런 기분이 들었을까요?

사람의 감정이 파도 없는 바다처럼 늘 일정하다고 상상해보세요. 과연 그게 자연스러운 풍경일까요? 파도는 해류가 이동하면서 발생하는 현상입니다. 바다는 끊임없이 움직이기 때문에, 바닷속에 사는 생물이 이동하며 뒤섞여 다양한 생태계를 만들어냅니다. 만약 파도가 멈추고 해류가 이동하지 않는다면 바닷속 생태계에도 이상 현상이 벌어질 것입니다.

사람도 마찬가지입니다. 화가 날 법한 상황인데도 화를 참고, 모두 웃을 때 혼자 무표정인 사람이 있다면 자신의 감정을 억누르고 있는 것이 아닐까요? 친구의 편지 속에 담긴 '늘 똑같은 모습'도 파도 없는 바다같이 부자연스럽고 억눌린 모습이 아닐까 하는 생각이 들었습니다.

리더십 덕목 중 캔더candor라는 것이 있습니다. 캔더는 허심탄회하고 솔직하게 할 말은 하는 태도를 의미합니다. 솔직한 피드백과 소통의 자리를 만드는 역량이 리더십을 키우는 데 매우 중요하다는 뜻이지요.

일 때문에 가끔 만나는 사람이나 자주 보지 못하는 친구가 감정을 잘 표현하지 않고 늘 똑같은 모습이라면 편할 수 있습니다. 그러나 항상 함께하는 가족이나 직장 동료가 그렇다면 어떨까요? "오늘 진짜 기분 좋은 일이 있었어요"라고 한다면 어떤 일인지 궁금해질 것입니다. 그런데 "그날이 그날이죠", "항상 똑같죠"라고 한다면 대화를 하고 싶지 않아질 것입니다.

어느 날 아들이 "아빠, 짜증 나"라고 했습니다. 저는 "무슨 일 있었어? 뭐가 짜증 나는데?"라고 물어야 했는데 "네 목소리가 더 짜증 난다"라고 했습니다. 이런 일이 반복되면 아들은 저와 대화하기 싫어질 것입니다.

작은 감정을 서로 주고받을 때 상대방에 대한 서운한 마음이나 불만 사항을 허심탄회하고 솔직하게 말할 수 있습니다. 화를 내고 짜증을 내는 것은 자신의 이야기를 들어달라는 몸부림입니다. 그것을 나에 대한 공격으로 받아들이면 둘 중 하나가 됩니다. 싸우거나 아니면 파도 없는 바다가 되어 대화가 단절되는 것이죠.

⦿

어머니와는 하루에도 몇 번씩 통화하지만 무뚝뚝한 아버지와는 전화를 거의 안 한다는 대학생 미옥 님. 3주 동안 표현을 해보자는 과제 때문에 어쩔 수 없이 아버지에게 전화했지만, 아버지는 진로 문제만 물어보셔서 대화에 진전이 없었다고 합니다. 그러다 3주가 다 되어갈 즈음 아버지가 손을 다쳤다는 이야기를 듣고 "아빠 손 괜찮으세요?"라고 안부 전화를 걸었습니다.

그런데 다음 통화 때 엄청난 일이 벌어졌다고 합니다. 늘 고압적이고 딱딱했던 아버지가 그날은 갑자기 먼저 미안하다는 것입니다. 딸을 위해서라고 하면서 항상 확인하고 점검하는 듯한 말투가 미안하셨답니다. 그것만으로도 신기했는데 더 신기한 일은 그다음 통화 때 일어났습니다. 아버지와 통화하면 1분도 채 말을 이어가지 못하는데, 그날은 안부 전화인데도 3분을 넘겼다고 합니다. 그날 이후 미옥 님은 계속 전화를 드려야겠다고 다짐했습니다. 그러면 언젠가 아버지가 먼저 전화하는 날도 오지 않을까 기대하면서 말이죠.

표현을 미루지 마세요

속마음을 꺼내놓는 데 두려움을 느끼는 현경 님은 친구들에게도 항상 "싫어", "못해"라는 말을 하지 못하고 "좋아", "할게"라고만 했답니다. 초등학생 때는 본인이 아끼는 옷을 친구에게 빌려주었는데, 친구는 옷을 빌려가놓고 고맙다는 말도 없이 "8시까지 놀이터로 나와서 받아가"라고 통보했습니다. 현경 님이 약속 장소로 갔을 때 친구는 나와 있지 않고, 옷만 덩그러니 놓여 있었습니다. 만약 현경 님이 약속 장소로 가는 사이에 누가 그 옷을 집어가버렸다면 어떻게 되었을까요?

그 일이 트라우마로 남아서인지 현경 님은 친구들이 옷이나 책, 적은 돈이라도 빌려달라고 하면 자신도 모르게 표정이 안 좋아지고, 뭐라고 거짓말을 해야 안 빌려줄 수 있을지 고민한다고 합니다. 친구들이 치사하다고 할까봐 누구한테도 말하지 못하고 혼자 힘들어했는데, 어느 날 같이 수업을 듣는 친구에게 용기를 내서 자신의 성격과 트라우마를 고백했더니 친구는 쿨하게 "그래? 그렇구나"라고 했답니다. 현경 님은 그때까지 자신의 마음을 제대로 표현하지 못했던 것이 안타까웠습니다.

사람들은 과거의 상처 때문에 자신만의 정의를 내립니다. 그리고 그 틀 안에서 사람을 만나고 대화를 합니다. 그래야 안정되고 편안해지니까요. "친구가 날 이상하게 생각하면 어떡하지", "내가 이 말을 하면 나만 손해 보잖아" 같은 생각이 스스로를 단속하게 합니다.

현종 님도 사춘기 이후로 아버지와 대화가 없었다고 합니다. 당연히 아버지에게 오랫동안 자신의 진짜 마음을 표현하지 못했습니다. 가게를 하시는 부모님은 항상 밤 9시가 넘어서야 집에 오셔서 가족들은 얼굴만 보고 잠들었다고 합니다. 그러다 보니 현종 님은 아버지가 눈물도 없고, 감정도 메마른 사람이라고 생각했습니다.

그런데 현종 님이 고등학생 시절, 새벽 늦게 술에 취해 귀가한 아버지가 아무도 모르게 혼자 흐느껴 울고 있었다고 합니다. 우연히 그 소리를 들었을 때, 현종 님은 걱정되는 마음보다 낯선 느낌이 들었다고 합니다. 결국 아버지에게 왜 우는지 묻지 못했다고 합니다.

그러다가 현종 님이 군대에 갈 때쯤 아버지와 크게 다투었다고 합니다. 아버지는 방탕하게 생활하는 아들이 못 미덥다며 손찌검까지 했고, 현종 님도 아버지랑은 말이 안 통한다며 물건을 던졌다고 합니다. 다음 날 현종 님은 아버지의 두 번째 눈물을 보았다고 합니다. 일주일 뒤 입대한 현종 님은 군 생활을 하면서 가족의 소중함을 알게 되었고, 면회를 온 아버지에게 태어나서 처음으로 죄송하고 사랑한다고 말했다고 합니다. 현종 님은 제게 이렇게 이야기했습니다.

> 이렇게 쉬운 말이면 더 일찍 할 걸, 후회가 되더라고요. 요즘 늙어가는 아버지의 뒷모습을 볼 때면 시간이 많지 않다는 생각이 듭니다. 사랑한다는 말은 세상에서 가장 쉽고도 어려운 말인 것 같습니다. 하지만 오늘이 아니면 하지 못할 수도 있는데, 미루어야 할까요?

"당신의 소리를 들을 수 있습니다"

초등학교 4학년 때 교통사고로 왼쪽 귀의 청력을 잃은 명식 님, 오른쪽 귀를 막으면 물속에 잠긴 것처럼 소리가 작게 들려 보청기를 껴야 했지만, 집안 형편상 비싼 보청기를 구매하기 힘들고, 보청기를 낀 모습을 보이고 싶지도 않아서 지금껏 그냥 지내왔답니다.

그런데 어느 순간 왼쪽 귀가 완전히 들리지 않게 되고, 불편한 일들이 생기기 시작했습니다. 누가 왼쪽에서 부르면 알아듣기 힘들었고 불편한 점이 많아지는 만큼 삶도 힘들어졌습니다.

그런데도 명식 님은 밝고 긍정적이었습니다. 처음 명식 님을 만났을 때, 그는 제게 다가와 "강사님, 저는 사고로 왼쪽 귀가 잘 들리지 않아요. 그래서 대화할 때 고개를 돌리기도 해요. 오해하시면 안 됩니다. 하하하"라고 자기소개를 했습니다. 어느 날 명식 님이 발표할 시간을 할애해달라고 하길래, 전 기꺼이 시간을 내어드렸습니다.

저는 소리를 잘 듣지 못합니다. 대신 저는 상대방의 '마음의 소리'를 잘 들을 수 있습니다. 고민 상담해주는 것을 좋아합니다. 누군가에게 내가 도움이 된다는 것이 좋고, 나로 인해 내 친구가 행복해지고 웃을 수 있다는 것이 너무 기쁩니다. 그러다 보니 주변 사람들에게 신뢰를 얻었고, '고민 잘 들어주고 힘들 때 기대고 싶은 사람'이 되었습니다. 비록 귀가 잘 들리지 않더라도 사람들의 마음의 소리를 들을 수 있는 것에 자신감이 생겼습니다. 여러분도 마음으로 소통해보시기 바랍니다.

마음으로 소통하는 명식 님은 현재 청소년 지원 센터에서 멋지게 일하고 있습니다. 100명이 넘는 청소년이 명식 님을 친형처럼 친근하게 대하는 모습을 보니 뿌듯하고 감사한 마음이 들었습니다.

마음 표현,
처음에는 누구나
어색하다

'말하지 않아도 안다'는 새빨간 거짓말

결혼 3년 차인 대홍 님은 부부싸움을 하지 않는 것이 고민이라고 했습니다. 처음에는 은근히 자랑이었지만, 시간이 지날수록 마냥 좋기만 한 일은 아니라는 것을 알게 되었다고 합니다. 싸움을 할 일이 없었던 것이 아니라 싸움을 피한 것이기 때문이죠.

대홍 님은 소심한 성격이라 화가 나더라도 집안의 평화를 위해 꾹 참고 삭혀왔다고 합니다. 그렇게 참는 것을 반복하니 속에서는 부글부글 끓어오르고 나중에는 아내에 대해 부정적인 생각까지 하게 되었다고 합니다. 항상 화를 내는 것은 아내고 화를 푸는 것 또한 아내였다고 합니다. 아내가 먼저 다가와 사과하면 겉으로는 밝게 받아주었지만, 마음속에는 풀리지 않은 무언가가 꿈틀거렸다고 합니다.

어떤 날은 늦게 야근하고 들어왔는데, 아내가 자신이 부탁한 물건을 사오지 않았다며 버럭 화를 냈습니다. 대홍 님은 직업 특성상 야근이나 주말 근무가 많지만, 최대한 집안일을 하려고 노력을 해왔는데, 그것을 알아주지 않는 아내가 너무 서운해서 순간 화를 내고 말았습니다.

"당신은 내가 온종일 밥은 먹고 일했는지 궁금하지 않고 고작 그런 말뿐이야?"

한 번도 아내에게 언성을 높인 적이 없었기에 아내가 놀란 것은 물론이고 대홍 님 역시 자신의 목소리에 놀랐다고 합니다. 아내는 아무 말도 하지 않았고, 그날 밤 분위기는 그야말로 냉랭했습니다. 그런데 다음 날 아내에게서 문자메시지가 왔습니다.

> 여보, 어제 내가 미안했어. 생각해보니 당신은 내 말을 늘 들어줬는데 난 당신한테 화만 냈네. 그리고 앞으로도 당신 생각을 나한테 말해줬으면 좋겠어.

대홍 님은 아내의 반응에 어리둥절했습니다. 그동안 대홍 님은 자기 생각이나 감정을 표현하지 않아 답답하고 힘들었지만, 힘든 것은 대홍 님뿐이 아니었던 것입니다. 아내 역시 도통 자신의 속내를 보여주지 않는 남편 때문에 답답하고 힘들었던 것입니다. 박수도 마주쳐야 소리가 나는데 상대방이 늘 아무 반응이 없다면 얼마나 답답할까요?

부부 사이에 많이 하는 말이 있습니다. '말하지 않아도 알아요', '부부싸움은 칼로 물 베기' 같은 말입니다. 하지만 아무리 가까운 사이라도 말하지 않으면 절대 알 수 없습니다. 게다가 감정의 골이 깊어진 상태에서 싸움이 벌어지면 쉽게 해결하기 어렵습니다. 부부 간 싸움이라고 해서 '좋은 게 좋은 거'라는 식으로 은근슬쩍 넘어가서는 안 됩니다.

저 역시 말수 없고 소심한 성격이라 제 아내를 부단히도 애태웠습니다. 하고 싶은 말이 잔뜩 있어도 말하지 않는 것이 미덕이라고 생각했습니다. 그러나 이제는 저도 조금씩 표현하고 아내의 말을 경청하려고 합니다.

부부싸움을 한다는 것은 내 생각과 상대의 생각을 확인하면서 조율해가는 과정입니다. 이때 참고 참았던 화를 한꺼번에 터뜨리기보다 차근차근 마음을 표현할 수 있어야 합니다. 화를 참아 자신의 감정을 숨기는 데 익숙한 사람이 어느 날 화를 버럭 내면 주변 사람들은 "갑자기 왜 저래?", "원래 저런 사람이었어?"라며 황당하다는 반응을 보입니다. 그러면 상황은 더 꼬이게 됩니다.

생각과 감정을 표현하는 것이 중요하지만, 부글부글 끓어오르는 감정 그대로 터뜨리는 것은 좋지 않습니다. 화를 내는 것보다 중요한 것은 화를 잘 내는 것입니다. "당신이 이렇게 말하니까 내가 무시당하는 느낌이 들어. 그래서 지금 화가 나"라고 솔직하게 감정을 표현하는 연습을 해야 합니다.

저는 대홍 님에게 그때 아내에게 정말 하고 싶었던 말을 해보라고 제안했습니다. 말로 꺼내는 것을 힘들어 하기에, 글로 감정을 써보는 것부터 시작했습니다.

여보, 내가 어제 듣고 싶었던 말은 '힘들었지, 밥은 먹었어?'였어. 그런데 당신이 날 보자마자 화를 내니까 나도 화가 나더라. 내가 그동안 나름대로 열심히 살아온 것이 한순간 무너지는 느낌이 들더라. 크게 소리 지른 건 정말 미안해.

대홍 님은 자신의 글을 어색하게 읽으며 몇 번 연습한 후에 어렵게 용기를 냈습니다. 대홍 님은 놀라운 이야기를 해주었습니다. 자신이 하고픈 말을 마침내 꺼내자 아내 역시 솔직하게 자신이 겪고 있는 일을 이야기했다는 것입니다.

"아이 낳고 우울증이 왔는데 당신은 바쁘고 대화도 안 되고 답답하고 많이 외로웠어."

대홍 님은 아내가 우울증을 겪었는지도 몰랐고 본인 역시 외로움을 느꼈다고 했습니다. 저는 대홍 님에게 앞으로는 아내와 터놓고 마음을 표현하라고 권했습니다.

"제 마음을 말하는 게 너무 어색해요."

"어색하다고 피하면 두 분 모두 외로우실 거예요. 행복하게 살고 싶지 않으세요?"

대홍 님은 용기를 내보겠다고 답했고, 그의 모습을 보면서 저 역시 노력을 계속하겠다고 결심했습니다.

대홍 님은 그동안 마음을 왜 표현하지 못했을까요? 대홍 님은 어렸을 때부터 가정환경이 어려워서 힘든 일이 있어도 부모님이 걱정하실까봐 힘든 내색을 하지 않았다고 합니다. 감정을 달래줄 사람이 없었고, 자연히 어렸을 때부터 감정을 숨기는 것이 옳다고 믿으면서 자랐을 것입니다.

자신의 역할을 충실히 하면서 감정 표현을 참다 보면 속으로

'나는 이 정도로 착한 사람이야. 그러니 당신은 나를 인정해 주어야 해'라는 보상 심리를 품게 됩니다. 그런데 인정은커녕 부정적인 피드백을 받으면 억울하고 화가 납니다. 이런 사람 곁에 있는 사람은 어떨까요? 아마 답답해 미칠 지경에 이르고 말 것입니다. "난 너를 위해서 참고 또 참았어"라는 말을 이해할 수 없으니까요. 아마 "당신이 언제 나한테 당신 생각을 말해준 적 있어?"라고 항의하고 싶을 것입니다.

평소에 마음 표현을 잘 못했는데 부글부글 끓어오르는 화 때문에 괴롭다면, 화를 폭발하기보다 자신이 왜 화가 났는지, 그리고 상대방에게 듣고 싶은 말은 무엇인지 생각해보아야 합니다. 그리고 표현해야 합니다. 얼굴 보고 말하면 제일 좋지만 부담된다면 편지나 문자메시지로 표현해도 됩니다. 감정을 숨기는 것은 배려도 아니고, 착한 것도 아닙니다.

"창밖에 떨어지는 빗방울 수만큼 사랑해"

한 기업체 팀장을 대상으로 강의하던 중이었습니다. 제가 "부인께 사랑의 표현을 얼마나 자주 하시나요?"라고 질문하자 이런 대답이 돌아왔습니다.

"가족끼리는 그런 거 하는 거 아니죠."

그 답변을 듣고 저는 한 가지 제안을 했습니다. 지금 모두 아내에게 문자메시지를 보내고 수업이 끝날 때까지 답장이 오지 않는 분이 수료식 날 회식비를 내기로 했습니다. 내용은 모두 똑같았습니다.

"여보, 창밖을 봐! 창밖에 내리는 빗방울 수만큼 사랑해."

여기저기서 탄성이 흘러나옵니다. 큰일 났다는 말이 나왔지만, 내기를 하기로 했으니 모두 보낼 수밖에 없었습니다. 답장이 오기 시작했습니다. 각양각색입니다. 가장 많은 답장은 "미쳤구나!", "바람 피웠냐?"였습니다. 어느 팀장님은 딸이 대신 답장을 보냈다며 소개했습니다.

"아빠! 엄마가 물어보래. 회사에 무슨 일 있냐고."

모두 한바탕 웃었지만, 답장이 아직 오지 않은 분은 조마조마해졌습니다. 강의가 다 끝나갈 무렵 한 분이 "왔어! 답장 왔어!"라며 함성을 질렀습니다. 그분이 받은 문자메시지입니다.

"그래, 여보. 창밖에 떨어지는 빗방울 수만큼 돈이나 벌어와, 인간아!"

2주 뒤 수료식 때 어느 팀장님의 부인에게 슬쩍 다가가 물어보았습니다.

"2주 전에 남편분한테 문자메시지 하나 받으셨죠? 뭐라고 답장하셨어요?"

"아, 그거요? 강사님이 시키신 거죠? 전 '미쳤나'고 보냈어요."

"왜요?"

"평소에 안 하던 거 하니까 어색하잖아요."

그러면서도 가끔 힘들 때 그 문자메시지를 보게 된다고 합니다. 덕분에 알게 되었습니다. "미쳤구나!"라는 답장은 그런 문자메시지를 보내지 말라는 뜻이 아니라 어색하지만 계속 보내달라는 뜻이라는 것을요.

나는 민망함을 무릅쓰고 문자메시지를 보냈는데 상대방의 반응이 시큰둥하면 '다시는 안 할 거야!'라고 결심하게 됩니다. 하지만 그것은 어색함과 어색함이 부딪힌 것입니다. 계속해야 합니다. 어색한 것에 익숙해질 때까지 3주가 걸립니다. 21일 동안 하루도 빠지지 않고 연속해야 어색한 것이 익숙해집니다.

맥스웰 몰츠Maxwell Maltz라는 성형외과 의사는 환자들을 살펴보는 중에 신기한 패턴을 발견했습니다. 예를 들어 코 성형수술을 하면, 환자가 약 21일이 지나야 새로운 코에 적응한다는 사실입니다. 팔이나 다리를 절단한 환자도 팔다리가 있는 듯한 환상통을 21일 동안 느낀다고 합니다.

몰츠의 이야기를 읽고 나서 한 가지 실험을 해보았습니다. 마침 회사가 이사해서 새로운 사무실로 출퇴근을 하느라 새로운 분들을 만나게 되었습니다. 저는 경비 아저씨와 청소 아주머니께 "행복하세요"라고 인사하기 시작했습니다. 그분들은 처음에는 어리둥절하시더니 일주일 지나자 반갑게 "네"라고 하셨고, 2주가 되니 "네, 강사님도 행복하세요"라고 하더군요. 그리고 3주가 지나자 저보다 먼저 "행복하세요"라고 인사하시는 게 아닌가요?

성종 님은 포스트잇에 하고 싶은 말을 써서 냉장고에 붙이는 솔루션을 시작할 때만 해도 반신반의했습니다. 과연 이 방법이 가족 간의 대화를 늘리는 데 도움이 될지 의문이 들었죠. 처음 몇 주 동안은 성종 님이 아무리 포스트잇을 붙여도 답장이 없었고, 포스트잇이 찢어지거나 구겨진 상태로 휴지통에서 발견되었습니다.

성종 님은 화도 나고 마음도 상해 포기할까 하다 계속했다고 합니다. 3주가 지나자 아내가 짧은 답장을 쓰더랍니다. "헐", "그러든가 말든가", "좋네" 같은 짧은 글이었습니다. 이후 짧은 글이 긴 문장으로 바뀌더니 어느 날부터는 아내가 먼저 포스트잇을 붙였다고 합니다. 한 달 정도 지나자 아내뿐 아니라 아들과 딸도 먼저 포스트잇을 붙였다고 합니다. 냉장고가 집의 소통 창구가 된 것이죠.

용기 내서 표현했는데 상대방의 반응이 시큰둥하면 어떨까요? 성종 님이 자신의 포스트잇이 구겨지고 버려졌을 때 그만두었더라면 어땠을까요? 답장을 보낼지 말지는 온전히 상대방 몫입니다. 그러니 '상대방이 이렇게 반응하면 좋겠다'라는 마음을 접어두어야 합니다. 답장을 바라고 보내면 자신만 힘들어지고 괜히 오해하기도 합니다.

우선은 나를 위해 표현한다고 생각해야 합니다. 첫 3주는 나의 어색함과 상대방의 어색함을 없애는 데 투자하는 시간입니다. 그런 다음 내 진심을 담아 표현하는 데 집중해야 합니다. 그러다 보면 성종 님 가족처럼 어느 순간 자연스럽게 소통하게 될 것입니다.

'폭발'하지 말고 '표현'하기

감정을 표현하는 3가지 방법

사람이 분노 상황에서 대응하는 방법은 3가지입니다. '폭발', '무대응', '표현'입니다. 폭발은 그 순간 참지 못해 화를 쏟아내는 것이고, 무대응은 참거나 무시해서 반응하지 않는 것입니다. 표현은 자신의 감정을 가라앉히고 하고 싶은 말을 하는 것입니다.

재현 님은 숙제도 하지 않고 〈개그 콘서트〉를 보며 웃는 아들이 정신 빠진 사람처럼 보여 야단쳤다고 합니다. "평소에도 그렇게 웃고 다니니? 아무 데서나 그렇게 경박하게 웃고 다니지 마! 동네 창피하다." 나중에서야 미안한 마음이 들어 조심스럽게 "미안하다"라고 문자메시지를 보냈습니다. 그러자 아들에게서 짧은 답장이 왔습니다.

"누구세요?"

은경 님은 친한 친구에 대한 불만을 이야기했습니다.

"오랜만에 만난 친구와 카페에 왔는데 계속 사진만 찍고 있네요. 이럴 거면 저를 왜 불렀는지 궁금해요. 장소를 3번째 옮겼는데 아직도 사진이 마음에 들지 않나 봐요. 점점 화가 나는데 참아야 하죠? 요즘 여자애들 다 이러니까 취미 생활이겠거니 하는데, 그래도 당분간은 안 만날 것 같아요. 인스타그램 망했으면 좋겠어요."

정윤 님은 따돌림을 당해 힘들어하는 딸을 위해 딸을 따돌린 친구들을 한 명, 한 명 직접 만나 설득했다고 합니다.

"무슨 이유인지 모르지만, 너희들이 우리 아이를 괴롭히고 따돌릴 수 있다고 생각한단다. 우리 딸이 미숙하고 실수하고 유치한 행동을 할 수 있듯 너희들도 실수할 수 있다고 생각해. 우리 아이는 지금 너무 힘들어하고 무서워하고 두려워하고 있어. 네가 도와주면 안 되겠니?"

어떤가요? 화가 난 상황에서 재현 님은 폭발했고, 은경 님은 폭발도 표현도 하지 않았고, 정윤 님은 표현을 했습니다. 어떤 사람은 그 순간을 참지 못하고 폭발하고 어떤 사람은 아무 말도 하지 않습니다.

자신을 기준으로 보면, 어느 경우에 더 상처를 받을까요? 후자일 것입니다. 그러면 상대방은 어느 경우에 더 상처를 받을까요? 전자입니다. 그러면 나도 상대도 상처를 덜 받는 경우는 무엇일까요? 당연히 표현하는 것입니다. 정윤 님은 딸을 따돌렸던 친구들에게 딸의 감정과 어머니로서 자신이 느끼는 감정을 표현했습니다. 감정은 누구나 느낄 수 있는 공통 언어입니다.

갑질, 내가 버텨야 해?

예나 님은 직장에서 일하는 내내 사장에게 시달렸습니다. 입이 굉장히 거친 사장은 예나 님이 실수를 하지 않아도 야단을 쳤습니다. "스물일곱 살이나 먹고 목소리가 왜 이렇게 작아"라며 욕을 퍼붓기도 했습니다. 야근은 야근대로 하고, 욕은 욕대로 먹고, 눈치는 눈치대로 보는 직장 생활이 너무 힘들었지만 집에서 걱정할까봐 직장을 그만둘 수 없었다고 합니다.

퇴근 전에 직원들이 돌아가면서 보고하는데 사장은 목소리가 작다는 이유로 키보드나 휴대전화를 던지기 일쑤였습니다. 그러다 어느 날 못 참겠다 싶어 몰래 녹음을 했는데 집에 도착해서 어머니 얼굴을 보자 눈물이 왈칵 쏟아졌습니다. 사실을 알게 된 아버지는 신고하겠다고 하셨지만 예나 님은 그냥 일을 그만두기로 했습니다. 다음 날 예나 님이 퇴사 의사를 밝히자 사장님은 여느 때처럼 거칠게 말했습니다.

"어, 짐 챙겨서 꺼져. 지금."

예나 님은 제일 친한 친구에게 이 일을 이야기했더니 친구가 "그래도 조금 더 버티지 그랬어"라고 해서 '사회생활이니 참고 계속 일을 했어야 맞는 걸까?'라고 생각했다고 했습니다.

저는 아직도 이런 사장이 있다는 사실에 화가 났습니다. 예나 님이 안쓰럽고 마음이 무거웠습니다. 신고하겠다는 아버지를 말려서도 아니고, 아무 말 못하고 그냥 나온 것때문도 아니었습니다. 친구의 버티라는 말에 '그랬어야 했나?'라고 생각했다는 것이 마음 아팠습니다. 자신의 상처받은 감정을 누구에게도 말하지 못하고 있었기 때문입니다.

상담하다 보면 예나 님 같은 분을 많이 만납니다. 감정을 숨기고 참는 것은 내 존재를 포기하는 것입니다. 전 예나 님에게 말했습니다.

그동안 고생했어요. 누구에게도 말 못하고 많이 외롭고 힘들었을 것입니다. 다음부터는 힘들면 힘들다고 꼭 말해야 합니다. 그리고 자기 전에 꼭 자신을 안아주세요.

참고 감정을 다스리는 것만이 다가 아닙니다. 상식에 어긋나게 나를 함부로 대하는 사람이 있다면 즉시 표현해야 합니다.

폭발은 화가 나자마자 즉시 화를 내며 감정을 표출하는 것입니다. 제대로 된 표현은 화가 날 때 1분이든 1시간이든 충분히 시간을 들여서 자신의 감정을 읽고 말하는 것입니다. 다만 너무 늦게 표현하면 뜬금없어 보일 수 있습니다. 상대가 "그걸 왜 이제 와서 말해?"라고 하면 당황스럽겠죠. 예를 들면, 어제 만났던 친구에게 갑자기 "어제 저녁 먹으면서 네가 '너는 하는 일마다 왜 그 모양이야?'라고 했을 때 무시당하는 느낌이 들어서 상처받았어"라고 하면 어떨까요? 친구는 '왜 그런 이야기를 지금 하는 거야?'라고 생각하지 않을까요?

표현으로 오해를 풀자

예나 님과 마찬가지로 찬국 님도 자신의 감정을 표현하는 데 서툰 사람이었습니다. 멀리 사는 친구가 여름방학을 맞아 놀러 왔는데, 찬국 님의 집에서 머무는 동안 찬국 님에게 개인적으로 힘든 일이 생겼습니다. 찬국 님은 힘든 티를 내지 않고 아무렇지 않게 넘긴 줄 알았지만, 친구는 찬국 님의 기분이 너무 안 좋아 보여서 일부러 자리를 피해줄 정도였다고 합니다. 그 친구는 친국님이 자신한테 불만이 있어서 그렇다고 오해하기도 했답니다.

나중에 대화로 오해를 풀었지만 찬국 님은 자신이 화와 스트레스를 엉뚱한 곳에 표출했다는 사실을 알았습니다. 표현을 제대로 못한 자신이 못나 보였답니다. "그래 내가 그냥 참자"는 감정 조절이 아닌 회피입니다. 회피하지 말고, 표현하세요.

송은 님은 자신의 감정을 솔직하게 표현했기 때문에 지금까지 가족이 행복하게 살 수 있었다고 말합니다. 중학교 2학년 때 아버지가 무릎 꿇고 울면서 "아빠는 이제 엄마랑 못 살 것 같아"라고 말했다고 합니다. 4년 동안 아버지가 일을 하시지 않아 어머니가 공장에 나가 벌어오는 100만 원 정도의 월급으로 네 가족이 살던 시절이었습니다. 친구의 생일 선물 살 돈 5,000원을 달라고 할 수 없는 날이 이어졌습니다.

그날 부모님은 두 분 다 못 살겠다며 울고 계셨다고 합니다. 송은 님의 언니는 “그래, 그럼 이혼해!”라고 말하고는 방으로 들어가 버렸다고 합니다. 송은 님은 부모님을 붙잡고 매달렸습니다. 아무 생각도 나지 않아 제발 그러지 말라는 말만 했는데도, 진심이 통했는지 집을 나가겠다는 어머니는 가족을 떠나지 않았다고 합니다. 그 뒤 아버지가 조금씩 달라지기 시작했고, 주말에 가족과 외식하는 날도 생겼답니다.

> 그렇게 힘든 날도 있었지만, 아직 저희 네 식구는 흩어지지 않았습니다. 아버지는 사업을 하시고, 어머니도 적성에 맞는 일을 하십니다. 언니도 그때 자기가 왜 그랬는지 모르겠다며 미안해합니다. 제가 아버지와 처음 술을 마신 날, 아버지는 ‘아빠는 그때 정말 엄마랑 더 살 수가 없었다. 그런데 네가 그 마음을 바꾸어주었다. 정말 고맙고 미안해’라고 하셨습니다. 그때 부모님을 말리길 잘했다는 생각이 들었죠.

고민을
말할 때는
역할을 내려놓자

역할은 내가 아니다

저는 어머니의 뇌종양 수술이 결정된 날에도 강의를 해야 했습니다. 무대 위에서는 제 개인의 상황과 감정이 중요하지 않습니다. 그것이 강사라는 저의 역할입니다. 그래서일까요? 지인들은 제가 고민을 말할 때도, 즐거운 추억을 말할 때도 모두 강의하는 것 같다고 합니다. 어느덧 역할이 제 존재 자체가 되어가는 것입니다.

우리는 맡은 역할 때문에 감정 표현을 억누르는 경우가 있습니다. 아이들이 고민이 있을 때 누구에게 가장 먼저 달려가는지 아시나요? 부모님일까요? 아니면 선생님? 대부분 친구를 찾아갑니다. 왜일까요? 선생님과 부모님은 듣고 상담해주는 사람이 아니라, 자신을 가르치고 잔소리하는 사람이라고 생각하기 때문입니다.

이렇게 말하는 저도 정작 상담하다 보면 가르치려 하고 도와

주려 합니다. 때로는 그냥 들어주고 위로해주어도 좋을 텐데 말이죠. 그것은 제 역할을 떼어내지 못해서입니다. 자녀와 소통하려면 때로는 부모라는 역할을 떼고 친구처럼 다가가야 합니다.

많은 사람이 내가 가진 '타이틀'이 자기 자신이라고 착각합니다. 사장은 회사 밖에서도 사장처럼 굴 때가 있습니다. 그래서 백화점 종업원에게 갑질을 하게 되는 거죠. 우리는 종종 내 앞에 있는 사람이 그 사람 집에서는 소중한 아들이고 딸이라는 것을 잊습니다. 요즘 텔레마케터와 통화하기 전에 "지금 전화를 받는 사람은 누군가의 소중한 가족입니다"라는 말이 나옵니다. 우리는 역할이 아니라 존재 그 자체를 생각하고 행동해야 합니다.

대학생 수나 님은 부모님께 부끄럽지 않은 딸이 되고자 장학금을 받고 근로 장학생으로 일하고 아르바이트까지 해서 등록금을 해결했습니다. 항상 부모님을 실망시키지 않으려고 최선을 다했다고 합니다. 부모님이 부담을 주는 것도 아닌데 수나 님 스스로가 '착한 딸' 역할에 자신을 끼워 맞추려고 했고, 그러면서 많이 힘들었다고 합니다.

그러던 어느 날 문득 이런 생각이 들었다고 합니다. '난 왜 무엇을 행동하기 전에 부모님께 떳떳한 행동인지 먼저 생각할까? 내가 못하거나 실수해도 뭐라 하실 분이 아니고 내 결정을 지지하고 믿어주시는데.' 수나 님은 그제야 부모님의 믿음이 너무 크게 다가와서 자신을 믿지 못했다는 것을 깨달았다고 합니다. 수나 님은 이렇게 말해주었습니다.

> 이제부터 제 생각과 선택, 그리고 행동을 믿어주고 응원해주려 합니다. 제 자신을 믿지 않으면서 부모님의 믿음에 의지하거나 다른 사람에게서 제 존재의 가치를 찾으려고 가상의 역할을 만들었던 적이 있었습니다. 마음만 힘들고 공허해졌습니다. 제 주위에 있는 진짜 소중한 사람들은 제가 무엇을 이루었는지, 혹은 무엇을 가졌는지와 상관없이 제 존재를 사랑해준다는 것을 알게 되었습니다.

성적이 떨어져서 부모님이 "넌 성적이 왜 이러니? 어떻게 할래?"라고 야단하면, 성적 때문에 혼났다고 생각하는 것이 아니라 부모님이 나를 미워한다는 생각에 사로잡혀 괴로워합니다. 하지만 그럴 필요 없습니다.

회사에서 상사에게 "일을 왜 이따위로 처리하나?"라고 야단을 맞으면 '내가 회사에서 해야 할 역할을 제대로 못했구나. 앞으로 제대로 해야겠다'라고 생각하면 됩니다. '난 이래서 안 돼. 내가 하는 일이 다 이렇지 뭐. 난 이 회사에 필요 없는 존재야'라고 생각할 필요 없습니다.

나를 과시하거나 인정받고 싶은 마음이 크면, 내 역할의 존재와 의미를 망각하게 됩니다. 그래서 존재가 역할에 끌려 다니게 됩니다. 생일날 멋진 장소와 맛있는 음식도 중요하지만, 주인공 없는 장소와 음식은 아무 소용이 없습니다. '내가 해야 할 무엇'이 역할이라면 '내가 나여야 하는 이유'가 존재입니다. 꾸지람을 들었다면 내 존재를 부정하지 말고 문제점을 찾아 역할을 개선하면 됩니다. 내 존재를 자각하고 흡수하고 소화해야 합니다.

대기업에서 강의를 하면 공통적으로 듣는 말이 있습니다. 사표를 내고 싶어도 그러지 못하는 2가지 이유가 있다고 합니다. 하나는 잊을 만하면 나오는 보너스고, 다른 하나는 명함을 꺼냈을 때 회사 이름을 보고 감탄하고 존경을 보내는 다른 사람들의 반응이랍니다.

이런 말을 듣다 보면 갑질도 나의 '타이틀', 즉 역할을 인정받고 싶은 마음에서 나오는 것이 아닌가라는 생각이 듭니다. 명품에 집착하는 마음도 마찬가지가 아닌가 합니다. 명품 가방에 집착하는 사람이 있습니다. 가방은 들고 다니라고 있는 것인데, 명품 가방에 끌려다니면 정작 그곳에 '나'는 없습니다. 내가 존재할 때 나로 인해 명품도 빛나는 것입니다. "사랑은 유치 뽕"이라는 말이 있습니다. 나의 모든 타이틀, 역할을 떼어놓을 수 있어야 사랑할 수 있다는 뜻이 아닐까요?

우리는 그럴싸한 타이틀을 얻으려고 많은 역할을 하면서 열심히 달립니다. 손꼽히는 명문대는 아니어도 그럴 듯한 대학에 들어가려고 애쓰고, 대기업은 아니어도 당당하게 명함을 내밀고 싶어 합니다. 때로는 그것이 살아야 하는 이유가 되고, 삶의 원동력이 되기도 합니다. 하지만 그렇게 살다 보면 어느 순간 삶이 공허해지고, 외로워지게 됩니다.

그것이 바로 역할에서 벗어나야 한다는 신호입니다. 타이틀을 잠시 떼어야 한다는 메시지인 셈이죠. 힘들고 억울할 수도 있지만 역할을 떼어야 합니다. 그렇지 않으면 시간이 지날수록 역할을 떼어내기가 힘들어질 것입니다. 역할에서 벗어날 때 '내'가 삶의 주인공이 됩니다. 그래야 시기 질투하던 사람들을 그 사람 자체로 온전히 볼 수 있습니다. 결승점이라는 타이틀에서 자유로워야 합니다.

결승점에 도달해서 행복한 것이 아니라 결승점에 가는 과정이 행복이기 때문입니다.

1980년대 인기를 끌었던 영화 〈로보캅〉의 주인공 머피는 악당들에게 수십 발의 총알을 맞고 쓰러집니다. 머피의 뇌를 살려 만든 로봇이 바로 '로보캅'입니다. 영화에서 "너는 누구냐?"라고 질문을 받으면 로보캅은 항상 "나는 이 지역의 안전과 평화를 지키는 경찰입니다"라고 '역할'을 대답합니다. 하지만 머피의 아내와 아들을 죽인 범인을 보면서 인간의 감정이 살아나기 시작합니다. 점점 자신의 존재를 알아가기 시작한 것입니다. 영화의 마지막에 누군가 로보캅에게 묻습니다.

"너는 누구냐?"

로보캅, 아니 머피는 이렇게 대답합니다.

"나는 머피다."

공감은
마음을
열어준다

무시당한 마음 돌보기

승아 님의 고민은 남편이 자신을 못 믿고 무시한다는 것입니다. 남편은 아이들과 잘 놀아주고 집안일도 잘 하는데, 자꾸 자신을 무시하는 느낌이 들어 힘들다는 것입니다. "어떤 상황에서 무시당하는 느낌이 드나요?"라고 묻자 "제 말을 중간에 자르고, 저를 어린애 취급하듯 가르치려고 해요"라고 말합니다. 그러다 보니 깊은 대화는 시도조차 못한다고 합니다. 아이들을 학원에 보내는 것 같은 문제도 승아 님의 의견은 듣지 않고 본인이 원하는 대로만 한다고 합니다. 처음에는 자신을 배려해주는 것 같아 고마웠지만, 지금은 자신을 못 믿기 때문이라는 생각이 든다고 합니다.

진지하게 대화를 해보았는지 묻자, 승아 님은 자신은 주말 근무를 하고 남편은 주말에 쉬기 때문에 서로 이야기할 기회가 없다고 합니다. 게다가 남편이 매번 자신을 무시해서 대화하기조차 싫다는 것입니다. 그래서 저는 승아 님에게 대화하기 전 4가지를 꼭 실행해보라고 제안했습니다.

① 대화할 시각을 미리 잡기.
② 이야기를 중간에 자르지 않고 끝까지 들어줄 것을 약속받기.
③ 남편의 이야기가 날 무시하는 것이 아니라 날 위해주는 것이라고 일단 믿어보기.
④ 고맙다고 말하고 그동안 무시당하는 느낌이 들어 힘들었다고 말하기.

대화할 시간을 확보하면 상대방은 일단 들어줄 마음의 준비를 하게 됩니다. 그다음에 필요한 것은 상대방의 자세에 대한 다짐입니다. 나쁜 습관(이 경우는 남편의 말을 자르는 습관)이 있는 경우, 그것을 깨달아야 합니다. 그리고 나 또한 상대방의 말을 긍정적으로 들어야겠다는 다짐을 해야 합니다. 대화가 끝나면 반드시 감사를 표현하고 내 감정을 말해야 합니다. 그 뒤에 승아 님은 긴 문자메시지를 보내주었습니다.

강사님이 시키는 대로 했더니 남편이 처음에는 큰일 있는 줄 알고 많이 놀라더군요. 3단계가 지키기 힘들었는데 그냥 꾹 참고 들었어요. 4단계에서 고맙다는 말은 못 했어요. 그동안 무시당한 기분이 들었다고 말하는데 눈물이 왈칵 쏟아지는 거예요. 아무튼 감사합니다.

대학 졸업을 앞둔 은지 님은 취업 준비가 힘들고 불안하다고 토로했습니다. 특히 명절 때 잠깐 보는 친척들이 힘들다고 합니다. 친척들을 볼 때는 괜찮은 척, 불안하지 않은 척, 이미 완벽한 미래 계획을 세워두어 걱정 없는 척 가면을 썼다고 합니다.

도움 되지도 않는 친척의 잔소리가 듣기 싫어서가 아니라 지금까지 이룬 것 없는 자신의 모습이 부끄럽고 불안했기 때문이랍니다. 은지 님은 어머니께 어디에 가야 하고 무엇을 해야 할지 모르겠다고 털어놓았다고 합니다. 쉼 없이 달려 좋은 학점으로 장학금 타고 휴학 없이 4학년이 되었지만 좋은 스펙 없이 취업하기도, 명목 없이 대학원에 가는 것도 자신 없다고 말이죠. 어머니는 은지 님에게 "달리지 않아도 괜찮아, 최선을 다하지 않아도 괜찮고. 성공하지 않아도 괜찮아. 은지는 내 딸이라는 이유 하나만으로도 충분히 소중하니까"라고 말해주셨다고 합니다.

용기를 내서 "나 힘들어"라고 했을 때 상대방이 "너만 힘드냐, 난 더 힘들어"라고 하면 짜증이 납니다. 공감은 내 입장이 아니라 상대의 입장을 이해하는 데서 출발합니다. 은지 님의 어머니가 "네가 준비하지 않고서 왜 투덜대니?"라고 했다면 어땠을까요? 은지 님은 더 힘들어했을 거고, 상황이 나아졌으리라는 보장도 없습니다. 어머니와의 관계는 나빠졌을 거고요.

인간 중심 상담 창시자 칼 로저스Carl Rogers는 "어떤 사람이 나를 판단하지 않고, 나를 책임지려 하거나 나에게 영향을 미치려 하지 않으면서 내 말에 진지하게 귀 기울여 줄 때는 정말 기분이 좋다"라고 했습니다.

공감은 '상대의 입장'과 '나의 입장'의 관계에서 시작합니다. 관계의 근본적인 문제를 해결하고 상황을 나아지게 할 키key를 찾으려면, 문제가 발생한 시점으로 돌아가야 합니다. 상대와 나 사이에 있었던 사건들을 하나하나 짚어나가다 보면 흠을 발견하게 됩니다. 그 흠을 어떤 키로 풀어야 할지 생각하다 보면 항상 같은 대답이 나옵니다.

"상대방과 나 둘 다 틀린 것은 없다. 다만 서로가 되어 살아보지 않았기 때문에 다른 것뿐이다."

그 다름을 '잘못'이라고 말하곤 합니다. 상대방이 '잘못'을 했다고 느꼈을 때 자신의 행동을 돌아보고 진심을 표현하고, 공감해주면 됩니다. 상대가 내 표현과 공감을 받아주지 않을 수도 있습니다. 정확히 말하면, 내 말을 들어주지도 않을 수 있습니다. 내 진심을 들어줄 준비가 안 되었기 때문입니다. 그럴 때는 기다려야 합니다. 시간을 두고 다시 이야기를 나누면, 이전보다 쉽게 서로의 생각을 받아들일 수 있습니다.

외로워서 결혼하면
결혼해도 외롭다

결혼과 연애보다 중요한 것

연인과 이별한 후에 시간을 홀로 보내다 보면 외롭다는 기분이 듭니다. 친구들도 있고 나를 사랑해주는 가족도 있는데 말이죠. 왜일까요? "야, 너 남친(여친) 없어?", "연애 좀 해라. 소개해줄까?"라고 묻는 주변의 분위기 때문일까요? 길거리를 걷다 보면 다정한 연인들만 눈에 들어옵니다. 아름다워 보여야 할 모습이 왜 이렇게도 얄밉게 보일까요?

스스로 충만하지 못한 외로운 마음을 다른 이에게 사랑받고 인정받는 것으로 채우려고 하기 때문이지요. 그래서 진정한 사랑이 아니더라도 계속 새로운 사람을 만나고, 소개받으려 합니다. 사랑에 의지해 내 존재를 확인하려는 것은, 통장을 채워 내 존재를 확인받으려는 것과 같습니다. 연애를 안 한다고 불쌍한 사람도 아니고 인생을 즐기지 못하는 것도 아닌데 말이죠. 누가 나를 좋아한다고 할 때 조금 괜찮다 싶으면 쉽게 사귀는 것이나, 외롭다고 노래를 부르다가 겨우 잡힌 소개팅에 나가는 것이나, 결국에는 상대방에게도 자신에게도 잊지 못할 상처만 남기게 될 텐데 말이죠.

우리는 마음의 근본 원인을 찾는 것을 어색해하고 귀찮아합니다. 마음의 문제를 풀지 않고 다른 탈출구를 찾으면서 잊으려 합니다. 이제 자신의 마음을 마주하고, 따뜻하게 안아주어야 합니다.

영복 님은 어렸을 적에 자신이 세상에서 가장 쓸모없는 쓰레기라고 생각했다고 합니다. 외모 콤플렉스에 키 콤플렉스가 있었고, 잘사는 사람에 대한 피해 의식도 있었다고 합니다. 축구공이 없어서 앞집 축구공을 가지고 놀다가 도둑놈 취급당하고, 다른 친구들은 다 갖고 있는 다마고치를 살 돈이 없어서 훔치려다가 걸리고, "반찬을 왜 눈치 보면서 먹냐?", "옷을 왜 가난하게 입고 다니냐"며 놀리는 친구들도 있었다고 합니다. 이러한 사연을 알게 된 여자 친구의 편지가 영복 님을 변하게 했답니다.

오빠, 오빠 자신을 싫어한다는 것이 얼마나 슬픈 건지 알아? 나는 오빠가 자신을 사랑했으면 좋겠어.

영복 님은 겉으로는 자신을 사랑한다고 말했지만, 마음으로는 그러지 못했습니다. 눈치 보고 포장했던 자신의 모습을 여자 친구는 알고 있었던 것입니다. 영복 님은 늘 자신이 마음의 소리를 따르고 있다고 착각하고 있었습니다. 공부도 자신을 합리화하려고 했고, 그러다 보니 주변에서 친구들도 하나둘씩 떠나가기 시작했는데도 말이죠.

우리는 모두 사랑하면서 살고 싶어 합니다. 그런데 어느 순간부터 사랑이고 감정 표현이고 모두 '오글거리는 것'이 되어버렸습니다. 영복 님도 '나는 원래 애정 표현 같은 건 못하는 사람이야'라고 단정하고, 애정 표현을 꺼려했습니다. 그런데 여자 친구의 편지 이후로 달려졌다고 합니다. 어색했지만 어머니께 "엄마, 진짜 힘들겠다. 집안 살림이 보통 힘든 것이 아닌데……나는 내 빨래하는 것도 힘든데 엄마는 우리 가족 5명의 빨래를 해야 하잖아요"라고 표현했다고 합니다. 그러고 나니 해결되지 않던 부분들이 점점 사라지기 시작했습니다. 영복 님은 말합니다.

결국 모든 것이 내 마음 안에 있었습니다. 내가 변하면 되는 것이었습니다. 가난해서 눈치 보고 창피당하는 것이 모두 부모님 탓이라고 생각했습니다. 하지만 부모님은 저를 잘 키우고 싶었지만 방법을 몰랐다는 것, 그러한 것을 생각할 여유조차 없었다는 것을 알게 되었습니다. 상황을 직시하고 나니 부모님 탓을 줄일 수 있게 되었습니다. 그렇다면 문제는 무엇이었을까요? 저는 그동안 무엇이든 머리로 해석하고 판단했습니다. 사랑했던 사람들을 잃어버리면서 알게 되었습니다. 미리 알았으면 좋았을 것을, 다 잃어버리고 배웠습니다. 절 사랑하면 되는 것이었는데, 저는 머리로 사랑하고 마음으로 화내고 있었습니다. 요즘은 어떻게 사랑해야 하는지, 어떻게 감사해야 하는지 알 것 같습니다. 비결은 마음입니다.

외로워서 결혼하면 결혼해도 외롭다는 말이 있습니다. 외로움을 채우려고 누군가를 만난다는 것은 '외로움을 채워줄 역할'을 해줄 사람을 만난다는 뜻입니다. 외로움이 채워지면 그 사람의 역할이 끝나기에 매력이 사라지고 다른 것을 찾게 됩니다. 외로움이 채워지면 그 사람에게 나는 더 필요한 존재가 아니게 됩니다.

저는 대학교 1학년 여름방학 때 40일 동안 캠프 아르바이트를 한 적이 있습니다. 어딜 가든 손을 꼭 잡고 다니는 아이들이 있었는데, 그 모습이 그렇게 예쁠 수가 없었습니다. 저는 그런 아이들에게 "너는 얘가 왜 좋니?"라고 물어보았습니다. 아이들은 멀뚱히 절 쳐다보다가 "그냥요"라고 했습니다.

그렇습니다. 조건이 없습니다. 그냥 좋은 것입니다. 나랑 성격이 맞는다든지, 취미가 같다든지, 이럴 때 이렇게 해주어서 좋은 것이 아닙니다. 아이들은 그냥 그 친구의 존재 자체가 좋은 것입니다.

그런데 어느 순간부터 우리는 내가 정한 '역할'을 제대로 하는 사람이 나와 맞는 사람이 되어버렸습니다. 그 틀 안에 들어오지 않으면 짜증이 나고 관계가 틀어집니다. 좋은 관계를 맺으려면, 결국 나의 틀을 없애야 합니다. 어느 유행가 가사처럼 "결혼은 선택"입니다. 그보다 온전한 사랑, 존재의 사랑을 하는 것이 중요합니다.

리액션으로
자존감
키우기

죽고 싶다는 생각, 해본 적 있나요?

제가 처음 죽고 싶다는 생각을 했던 때는, 입대 직전이었습니다. 저는 대학생 시절 레크리에이션 동아리에 청춘을 모두 쏟아부었습니다. 학사 경고를 받아도 후회하지 않을 정도였습니다. 동아리 선후배들은 그런 저를 위해 입대 전 MT를 한 번 더 준비해주었습니다. 너무 고맙고, 하늘을 날아갈 듯 기뻤습니다. 내가 사랑을 준 만큼 받는 것 같았습니다.

동아리 선후배들이 나를 얼마나 따듯하게 위로하고 격려해줄지 기대에 부풀어 있었지만, 현실은 달랐습니다. 사람들은 내가 있든 말든 본인들 즐기기에 정신이 없었습니다. 입대 전 송별회는 핑계고 그저 놀 명분이 필요했던 것이죠. '산정 호수에 빠져 죽을까? 그래야 동아리 사람들이 후회할까? 아니야 물속은 너무 추워서 싫어. 그럼 어떻게 하면 내 마음을 알릴 수 있을까?' 고민했습니다.

여전히 밖에서는 술 마시고 떠들고 웃으며 즐기고 있었습니다. 저는 그 소리가 전혀 즐겁지도 유쾌하지도 않았습니다. 순간 너무 화가 나서 소리를 지르며 숙소 벽에 머리를 강하게 3번 부딪쳤습니다. 아무도 듣지 못했고 머리가 잠깐 띵할 뿐이었습니다. 제가 그때 깨달은 것은, 제 머리가 꽤 튼튼하다는 것뿐이었습니다.

지금 생각해보면 참 어리석고 창피한 이야기입니다. 하지만 그땐 그랬습니다. 지나고 나면 "내가 그때 왜 그랬지?"라고 웃을 일화지만 그 당시 제게는 동아리와 동아리 사람들이 전부고 우주였습니다. 당시 저는 제 감정을 표현할 줄 몰랐습니다. 그러면서도 상대가 먼저 알아주기를 원했습니다. 상대의 반응을 어떻게 받아들여야 하는지도 몰랐습니다.

생각해보면 환송회 때도 몇 명이 제게 와서 이왕 왔으니 나와서 같이 즐기자고 했지만 전 그러지 않았습니다. 그보다도 강한 어조로 나를 끌어주기를 바랐던 것이었습니다. 결국 전 저에게 손 내민 그들에게 반응도 하지 않으면서 저 혼자 북 치고 장구 치고 혼자 쇼를 한 것입니다. 슬펐습니다. 표현하는 방법도 몰랐고 리액션하는 방법도 몰랐습니다. 더욱 슬픈 것은, 알려고 노력하지 않았다는 것입니다. 계속 상대만 탓하며 내 에너지를 쏟았습니다.

호진 님은 편의점에서 만난 아르바이트생 덕분에 기분이 좋아졌습니다. 저녁을 간단히 때우려고 편의점에 갔는데 오렌지 주스를 고르려던 찰나 아르바이트생이 다른 것이 더 싸고 맛있다고 추천해주었습니다. 그러면서 무례했다면 죄송하다고 하고 방긋 웃었다고 합니다. 온종일 일터에서 까다로운 고객들에 치여 피곤했는데, 아르바이트생을 보고 기분이 좋아져서 그날은 잠까지 푹 잘 수 있었습니다.

리액션은 말뿐만 아니라 행동, 눈빛 등으로 표현되는 관심을 모두 포함합니다. 아르바이트생은 사장이 시켜서 매출을 올려야 하는 품목을 추천했을 수도 있습니다. 하지만 중요한 것은, 호진 님에게 미소로 리액션해준 것입니다.

가희 님은 세상 모든 것에 열정적으로 반응하는 사람입니다. 어느 날 가희 님이 일주일간 자신이 반응한 것에 대해 발표해주었습니다.

전 자주 미치는 것 같아요. 점심밥에 미치고, 일 끝나고 죽을 것 같이 힘들어도 옷 사러 가는 것을 보면 옷에도 미친 것 같아요. 저는 각양각색의 사람들을 만날 때 그 상황에 깊게 몰입합니다. 그리고 그 사람에게 미쳐 있는 저를 봅니다. 전 그런 저의 모습이 좋아요. 세상에는 너무나도 다양한 사람들이 존재하고, 각각의 사람이 지닌 스토리는 정말 소중해요.

리액션으로 자신을 발견하고, 세상을 보는 시야가 넓어진다는 것을 가희 님의 이야기를 들으면서 알 수 있었습니다. 살다 보면 모든 상황이 긍정적이지만은 않습니다. 하지만 어떤 리액션을 할지는 내 선택에 달려 있습니다. 그 상황을 내 삶의 디딤돌로 삼을 것인지, 걸림돌로 삼을 것인지는 내가 선택한 리액션에 따라 달라집니다.

자존심이 밥 먹여주나?

대학생 종욱 님은 중학생 때부터 친구가 없었다고 합니다. 혼자 지내는 것이 습관이 되다 보니 사람을 사귀는 것을 두려워하게 되었습니다. 다른 사람에게 무슨 말을 해야 할지 모르겠고, '이 말을 들으면 반응이 안 좋을 거야'라는 지레짐작에 늘 침묵하게 된다고 합니다. 그러다 보니 종욱 님은 조용하고 재미없는 사람이라는 이미지가 생겨버렸습니다.

문제는 대학에 입학하면서 생겼습니다. 학과 특성상 선배들과 마주치거나 어울릴 자리가 많았는데 또래 친구들과도 잘 지내지 못하는 종욱 님은 선배들을 대할 때마다 힘들고, 위축되었답니다.

저는 먼저 종욱 님에게 사람 사귀는 것을 두려워하는 자신을 인정하라고 말했습니다. 그다음에는 동기들에게 내가 사람 사귀는 것을 어려워하고 대화도 힘들어하니 조용히 있어도 너희들을 싫어하거나 귀찮아서 그런 것이 아니라는 것, 그러니 오해 말고 이해해 달라고 말할 것을 제안했습니다. 종욱 님은 자신을 인정하기는 쉽지만, 동기들에게 자신에 대해 말하는 것이 힘들다고 했습니다. 이유를 묻자 자신의 마지막 자존심 때문이라고 합니다.

우리는 가끔 방법을 알면서도 문제를 회피합니다. 자존심은 변하지 않고 자신을 소중히 여기는 마음입니다. 타인에게 굴하지 않고 자신을 지키는 마음입니다. "자존심이 밥 먹여주냐?"라는 말도 있듯이, 자신의 약점을 보이는 것은 자존심을 버리는 것이 아닙니다. 자신을 인정하는 것이 자존심을 지키는 길이고, 문제를 회피하지 않고 방법을 찾아 노력하는 것이 자존심을 지키는 길입니다.

우리는 자존심을 버리면 초라해지고 비굴해지지 않을까 걱정합니다. 지금까지 '내 행동과 말이 타인에게 어떻게 비추어질까?'를 고민했다면 이제는 '내 행동과 말이 나에게 어떤 영향을 미칠까?'를 고민해야 합니다. 혼자 상상하고 걱정하면 과연 누가 더 힘들까요? 당연히 본인입니다.

우리는 자존심 때문에 꿈을 이룰 수도 있고, 자존감이 좋아질 수도 있습니다. 타인의 칭찬이나 인정이 자존심을 지켜준다고 착각하기도 합니다. 자존심이 자신에 대한 존엄이라면, 그것은 타인의 인정이나 칭찬에 의해서가 아니라 자신의 약점을 인정하는 성숙한 사고와 가치에 의해 얻어지는 것입니다. 만약 종욱 님처럼 타인의 생각과 감정에 흔들린다면, 그것은 버려야 하는 자존심입니다. 삶의 중심이 자신이어야 합니다.

저는 종욱 님의 자존심을 키워주고 싶었습니다. 먼저, 선배나 동기에게 어떠한 사람으로 인정받고 싶다는 생각을 없앨 것을 제안했습니다. 그리고 어린 시절부터 지금까지 이룬 성과, 성취한 목록, 대학생으로서 내가 해야 할 역할들을 적어보라고 했습니다.

일주일 뒤 종욱 님은 성취한 목록 13개와 대학생의 역할 15개를 적어왔습니다. 성취한 목록 13개에 해당하는 자신의 장점을 적어보라 했고, 역할 15개 중 지금 할 수 있는 것과 지금 할 수 없는 것을 구분해보라고 했습니다.

종욱 님은 성실히 약속을 지켰고, 드디어 동기들에게 자신의 고민을 이야기했습니다. 동기들이 자신을 대하는 태도가 변하지는 않았지만, 종욱 님 자신에게는 큰 변화가 있었다고 합니다. 저는 종욱 님에게 중학교 때부터 지금까지 관계 때문에 힘들었을 자신을 인정하고 위로해주라고 했습니다. 그리고 관계를 잘 맺지 못하는 것은 결코 자신의 잘못이 아니라고 알려주었습니다.

세상은 우리를 가만히 두지 않습니다. 나에게 일어나는 수많은 상황에 어떻게 리액션하느냐에 따라 내 자존심에 상처가 나기도 하고 자존심을 지키기도 합니다. 저는 종욱 님이 지금의 힘든 상황을 걸림돌이 아닌, 디딤돌로 만들기를 기도합니다.

"지나간 것은 지나간 대로 그런 의미가 있죠"라는 노래 가사가 있습니다. 나에게 일어난 많은 상처와 사건은 나름대로 우리에게 메시지를 전해줍니다. 거기서 의미를 찾는 것은 돈 들이지 않고 나를 성장시키는 방법입니다.

상대방과 통하는
4가지 감성 언어

"미안하다"

정애 님은 19세에 아버지를 하늘나라로 떠나보냈습니다. 어렸을 적부터 아버지와 같이 살지 않아 친하지 않았지만, 돌아가시기 전 같이 살게 된 기간에 있었던 일이 마음에 남아 있다고 합니다.

당시 정애 님은 고등학교 3학년으로, 한창 예민해져 있을 때였습니다. 어머니, 여동생과 여자끼리만 살던 집에 남자가 들어와 산다는 것이 불편하고 싫었습니다. 오랜만에 마주하는 아버지가 어색하기도 했지요. 그래서 자기도 모르게 아버지에게 자주 짜증을 냈습니다. 그럴 때마다 아버지는 어쩔 줄 몰라하며 아무 말 못하고 방에 들어가곤 했답니다.

그러던 어느 날, 아버지는 힘들어하던 정애 님을 위로해주려고 했는데, 곧 다가올 수능 때문에 모든 것이 스트레스던 정애 님은 마치 더러운 것이 몸에 닿았다는 듯 몸부림치며 저리 가라고 소리를 쳤다고 합니다. 그것이 마지막 아버지의 모습이었습니다. 아버지의 마지막 편지에는 "딸아, 너 때문이 아니야. 아빠가 미안하다"라고 적혀 있었습니다.

> 아버지를 잃었다는 슬픔보다는 아버지에게 잘해드리지 못한 것이 저를 미치도록 슬프게 했습니다. 아버지가 돌아가실 당시의 저를 자책하기에 바빴어요. 점점 나이를 먹어가면서, 아버지와는 친하지도 않았고 추억도 많이 없지만, 아버지는 분명히 제가 잘 살고 있기를 바랄 것이라는 생각이 들었습니다. 그래서 더 열심히 살려고 노력하고 있습니다. 가끔 힘들 때 아버지가 저를 다독여준 그날을 생각하곤 합니다. 아버지의 "미안하다"는 말은 저의 부끄러움을 깨닫게 해주었습니다. 상처가 상처로만 끝난다면 이미 그것은 상처가 아니라고 생각합니다. 상처가 있다면 얼른 아물고 새살이 돋길 바랍니다.

잘못한 것을 알면서도 "미안합니다"라고 말하지 못할 때가 많습니다. 하고 나면 아무것도 아닌데 왜 그리 어려울까요? 미안하다는 말은 윗사람이 아랫사람에게 할 때 진정한 가치가 있습니다. 을 이 갑에게 "미안합니다"라고 하는 것과 갑이 을에게 "미안합니다"라고 하는 것은 다릅니다. 상사가 부하 직원에게 "내가 실수했습니다. 미안합니다"라고 말하는 것은 창피하거나, 자존심 상하는 일이 아니라 신뢰를 얻는 과정입니다.

부모의 사과도 마찬가지입니다. 저는 아들의 책 읽는 자세가 바르지 않아 초등학교 입학 선물로 고가의 책상과 의자를 사주었습니다. 그런데 그 의자에도 비딱하게 앉는 것을 보고 크게 야단을 쳤습니다. 아들이 의자를 사달라고 한 것도 아닌데 말이죠. 저는 너무 창피하고 부끄러웠습니다. 그날 아들의 침대 옆에 누워 "아까 아빠가 화내서 미안해. 아빠가 잘못했네요"라고 사과했습니다.

저는 그날 아들에게 사과하는 데 큰 용기를 내야 했습니다. 부모의 사과를 받은 자녀는 하나의 인격체로 존중받는다는 느낌을 받고, 부모에 대한 신뢰를 키워갑니다. "미안합니다"는 사랑과 신뢰의 표현입니다.

이름을 불러주세요

제 어머니가 병원에 입원해 있던 어느 날, 병원에서 뇌종양이 보인다고 개두開頭 수술을 해야 한다는 것입니다. 우리 가족은 큰 충격을 받았습니다. 아버지는 얼마나 위험한 수술인지 궁금해하셨고, 둘째 누나는 다른 방법은 없는지 물었습니다. 당사자인 어머니는 비용을 물어보셨습니다. 의사는 "일단 나가 계시면 자세히 설명해드립니다"라고 말했습니다. 다시 궁금한 내용을 물어보려 했지만, 여지없이 "나가 계세요"라는 답이 돌아왔습니다.

수년 동안 신경내과에 다니며 CT를 찍어보아야 하지 않냐고 물었을 때는 괜찮다고 하더니, 이제야 CT를 찍어보니 뇌종양이 발견되었다는 것입니다. 그나마도 한 달 넘게 기다려 만난 의사는 1분 정도 설명하더니 나가라고 하는 것입니다. 저희 가족은 병원에 대한 신뢰를 잃어 다른 병원을 찾았습니다. 그리고 마침내 수술해줄 의사를 찾았습니다. 그 의사는 어머니를 '환자분'이 아니라 '어머님'이라고 불렀고, 어머니 손을 꼭 잡고 눈을 보고 말했습니다. 거기에 어머니의 마음이 열렸습니다. 때로는 실력보다 사람을 향한 마음이 중요합니다.

로빈 윌리엄스가 주연한 영화 〈패치 아담스Patch Adams〉는 광대 복장을 하고 진료를 보는 의사의 이야기입니다. 주인공 패치 애덤스는 수술이 필요한 경우가 아니면, 웬만한 환자는 사랑하면 낫는다고 말합니다.

> 의사와 환자의 바람직한 관계는 바로 친구이며, 의사가 환자에게 해주어야 할 일은 치료가 아니라 돌보는 것입니다. 환자가 고통 속에 찾아왔다면 인간 대 인간으로서 그의 고통을 이해하고 쓰다듬고 어떻게 하면 고통을 줄여줄 수 있을 것인지를 고민해야 합니다.

민정 님은 서울에서 취직하면서 자연스럽게 부모님과 떨어져 살게 되었습니다. 통화도 일주일에 한 번 할까 말까 할 정도로 바쁜 와중에 '부모님께는 딸 하나인데 엄마, 아빠라고 불러주는 딸마저 곁에 없으니 얼마나 적적하실지'라는 생각에 죄송한 마음이 들었답니다. 생각만 해도 눈물이 나는 단어가 있다면 민정 님에게는 '엄마', '아빠'입니다. 1년에 휴가 때, 설 때, 추석 때 딱 3번 고향에 내려가는데 그때마다 부모님이 아쉬워하는 것이 느껴져 가슴이 아프다고 했습니다.

어느 날 '엄마', '아빠'가 아니라 이름을 불러드리자고 하자 민정 님은 가족 단톡방에 이 내용을 올렸고, 아버지에게 먼저 반응이 왔다고 합니다. 아버지는 연애 시절 어머니를 "땡주야"라고 불렀다면서 기쁘게 이야기해주셨고, 민정 님도 기분이 좋았다고 합니다. 민정 님은 이번에 집에 가면 부모님 얼굴을 보고 직접 이름을 불러드리겠다고 약속했습니다.

대한민국 어머니, 아버지의 이름은 어디로 간 것일까요? 휴대전화에도 '아빠', '엄마'가 아니라 이름으로 번호를 저장해두는 것이 어떨까요? 제 휴대전화에는 "나의 영원한 멘토 김철동", "나의 영원한 사랑 박정례"라고 저장되어 있습니다. 우리는 항상 상대의 이름을 불러주어야 합니다. 직장에서도 '김 대리', '박 과장'이 아니라 이름을 불러주어야 합니다. 그것이 자존감을 높이는 첫 번째 단추입니다.

"믿는다"

회사의 조직원은 성과를 내야 하고, 학생은 성적을 내야 합니다. 성과를 낸 조직원에게 어떻게 칭찬을 해야 할까요? "김 대리, 이번 일 잘했네. 자네가 최고야"라고 칭찬하면 좋을까요? 그것도 좋지만, 경계해야 할 부분이 있습니다. "자네가 최고야" 때문입니다. 성과를 냈을 때 최고라고 하면 다음에 또 그보다 좋은 성과를 내야 한다는 부담감을 느끼게 됩니다. 또한 성과를 내지 못했을 때 "난 역시 최고가 아니었어"라고 자책할 수 있습니다.

그러면 이런 칭찬은 어떨까요? "김 대리, 일주일 동안 고객을 2배로 만나러 다니더니 성과가 100퍼센트 올랐네. 고생했어." 성과 낸 부분을 숫자로 인정하면 자존감을 높여줄 수 있습니다.

다음의 칭찬은 어떨까요? "김 대리, 난 자네를 믿네." 두 번째보다 자존감을 키워주는 칭찬입니다.

학자들이 이야기하는 자존감을 키워주는 칭찬은 다음과 같습니다. "김 대리, 자네가 우리 부서에 있어서 든든해."

마지막 칭찬은 무엇이 다를까요? 내가 이 회사에서 가치 있고 인정받는 존재임을 짚어서 칭찬해주었다는 점입니다. 조직에서 내가 존재해야 할 이유와 그 가치를 알 때 조직원의 애사심은 높아집니다.

가정에서도 마찬가지입니다. 만약 공부하는 자녀가 있다면 이렇게 말해보세요. "시험 못 봐도 괜찮아. 열심히 공부했잖아. 네가 엄마/아빠 아들이어서 행복해"라고요. 내 존재를 인정받을 때 자존감이 커집니다.

미소를 지어주세요

창석 님은 편의점 주인 때문에 미소의 소중함을 알게 되었다는 이야기를 해주었습니다.

> 출근길 버스 정류장 앞 편의점에는 40대 초반의 여성분이 있습니다. 그분은 항상 밝은 표정으로 인사를 건넵니다. 저도 평소 "안녕하세요" 정도의 인사는 해왔는데, 그분은 좀 달랐습니다. 제가 무엇을 살지 머뭇거리면 메뉴 추천도 해주시고 새로 나온 것이 맛있으면 알려주시고 제 휴대전화 액정이 깨진 것도 걱정해주셨습니다. 이제는 제가 어떤 간식을 좋아하는지, 어떻게 해장을 하는지도 아셔서 "어제 술 많이 마셨나 봐요?"라며 대화하는 정도까지 이르렀습니다. 늘 미소와 친절로 대해주시니 저도 일부러 그 편의점을 찾게 됩니다.

"가는 말이 고와야 오는 말도 곱다"라는 속담처럼, 가는 미소가 고우면 오는 미소도 고와집니다. 아파트 엘리베이터를 이용하다 보면, 인사를 자주 건네는 사람도 있고 그렇지 않은 사람도 있습니다. 저도 먼저 인사를 하기보다 인사를 받는 경우가 많습니다. 인사를 하면 상대방의 기분도 좋아지지만, 나부터 기분이 좋아지는데 우리는 인사와 미소를 어색해합니다.

세계적인 신경과학자이자 우울증 전문가 앨릭스 코브는 『우울할 땐 뇌 과학』에서 얼굴에 긴장을 풀고 양쪽 입꼬리를 끌어 올리라고 합니다. 그러면 다른 사람의 긍정적 감정을 감지할 가능성이 커지고, 내 기분도 좋아집니다. 잠깐만 미소를 지어도 그 효과는 몇 분간 지속된다고 합니다.

‘사람’에게 상처받고
‘사람’으로 치유되다

아빠가 미웠어요

석진 님은 아버지를 죽이고 싶을 정도로 미워했습니다. 어렸을 때는 집이 가난해서 외가 친척, 친가 친척, 아버지 친구, 어머니 친구들의 집을 전전하며 자랐다고 합니다. 초등학생이 되면서는 부모님과 살았지만 기찻길 옆 판잣집, 창고 같은 지하 방, 심지어 보일러실에서도 살았답니다.

처음에는 부모님과 함께 사는 것이 그저 좋았지만, 생활이 힘들어질수록 아버지는 술에 의존했고, 가족에게 자꾸 손찌검했습니다. 아버지가 석진 님을 때리는 것을 어머니가 말리면, 이번에는 어머니가 아버지에게 맞았습니다.

고통스러운 마음에 자살 계획을 세우던 석진 님은 문득 ‘내가 왜 죽어야 하지? 아버지가 죽으면 되는데’라고 생각했습니다. 그리고 어떻게든 살아야겠다고 다짐합니다. 어머니는 매일 울었지만 석진 님은 울지도, 살려달라고 빌지도 않았답니다.

학교생활이 엉망이 되어가고 있을 무렵, 학교에서 반항하다 선생님에게 각목이 부러질 때까지 맞았는데 표정 하나 변하지 않고 자리로 돌아가 만화책을 폈다고 합니다. 마음의 고통이 너무 커서 몸의 고통이 느껴지지 않을 정도였습니다. 어느 날 어머니는 눈물을 흘리며 석진 님에게 아들의 웃는 얼굴을 보고 싶다고 하셨답니다. 그러나 이미 상처받아 닫힌 마음은 열리지 않았다고 합니다.

그랬던 석진 님이 지금은 사교적이고 잘 웃는 사람이 되었습니다. 석진 님은 자신의 인생에 터닝 포인트가 있다면 첫 번째는 '사랑' 두 번째는 '군대'라고 합니다.

여자 친구는 제 마음을 꿰뚫어 보더군요. 나체가 된 기분이었습니다. 여자 친구는 꽉 닫힌 저의 마음을 열어주었습니다. 그리고 저를 있는 그대로 보아주었습니다. 그리고 군대는 많은 것을 알려주었습니다. 모포나 옷을 접는 법, 쓰레기 처리하는 법, 항상 필기구와 수첩을 들고 다니는 습관, 할 수 있다는 자신감과 인내력입니다. 힘들 때마다 술 생각이 났지만 마실 수 없었습니다. 그러다 문득 '내가 술에 의지하고 있었구나'라는 생각이 들었습니다.

> 아버지는 가장이자 집안의 기둥으로 어머니께 징징대지도 못했을 거라는 생각이 들었습니다. 가난한 형편에 자존심 강한 아버지는 누구에게도 기댈 수 없었을 것입니다. 그래서 술에 기댄 게 아닐까? 그런 생각이 들었습니다. 아버지의 행동은 분명 잘못이었고, 지금도 아버지와 사이가 좋지 않지만, 아버지에게도 상처가 있는 것은 아닐지 생각하고 있습니다. 사람은 행복을 추구하고 행복해지기 위해 산다고 생각합니다. 증오와 복수심은 그 누구도 아닌 내 행복을 빼앗습니다. 저는 행복해지려 합니다.

손오공·사오정·저팔계가 경전을 얻기 위해 14년 동안 81난을 겪으면서 긴 여정을 할 수 있었던 것은 108요괴 때문입니다. 증오와 복수심을 복수가 아닌 행복의 원동력으로 받아들인 석진 님를 응원합니다.

사람이 사람을 판단할 수 없는 이유

진성 님만 생각하면 지금도 가슴이 저릿하게 아픕니다. 제 책을 읽고 고민이 생겼다는 진성 님과 처음 만난 날, 상담을 끝내고 사인을 해드리겠다고 하니 진성 님은 책이 없다고 했습니다. 돈이 없어서

서점 구석에 앉아 책을 읽었답니다.

그 뒤로 저는 꾸준히 진성 님과 만났습니다. 진성 님은 관계에 대한 공포가 있었습니다. 진성 님은 거기서 벗어나려고 노력했지만, 사실 저도 진성 님 때문에 힘들었던 적이 많았습니다. 답답할 때도 있고, 왜 저렇게 이해할 수 없는 말과 행동을 하는지 의아한 적도 있었습니다. 그러다 진성 님이 어렵게 털어놓은 이야기 속에서 진성 님이 그렇게 행동할 수밖에 없었던 이유를 알게 되었습니다.

> 저는 일종의 이방인이었습니다. 아픈 엄마 대신 큰이모가 저를 키워주셨지만, 진짜 가족 같은 느낌은 들지 않았습니다. 늘 외롭고 고립된 삶을 살다가 일곱 살 때 처음 어머니를 만났는데, 그토록 기다렸던 어머니는 무기력하고 지친 모습이었습니다. 어머니는 낮에도 늘 주무셨고, 저는 그런 어머니 곁에서 끼니를 빵이나 소시지로 때웠습니다. 어머니의 잠을 방해하면 안 된다는 생각 때문이었습니다. 오랜만에 어머니를 만난 것이 그저 좋았으니까요. 그러나 어머니와는 오래 함께하지 못했습니다. 어머니는 제발 가지 말라고 떼를 쓰는 저를 할머니께 맡기고 떠났습니다.
>
> 그래서일까요? 관계란 저에게 낯선 단어가 되었습니다. 항상 혼자였기에 이야기를 나눌 사람이 없었고, 내 말을 들어줄 사람 또

한 없었습니다. 대화, 질문, 배움의 기회를 얻지 못한 채 혼자 노는 법을 먼저 배운 열세 살 무렵, 사업에 성공한 아버지가 마침내 저를 데리러 오셨습니다.

6개월은 좋았습니다. 모든 것이 새로웠고, 마침내 가족이 생겼다는 기쁨으로 가득했습니다. 그러나 제가 잠시 느꼈던 행복은 물질의 풍요였을 뿐, 진짜 사랑과는 거리가 멀었습니다. 1년 후, 아버지는 사업에 실패하시고 알코올의존증이 심해지면서 폭력을 행사했습니다. 쇠파이프와 주먹으로 두들겨 맞는 나날이 이어졌습니다. 10년 만에 만난 아버지에게 맞아 갈비뼈에 금이 가고, 머리가 터졌습니다. 아무도 돌보아주지 않아 내 손으로 갈비뼈를 부여잡은 채 병원에 가야 했습니다. 늘 오늘 하루는 아무 일 없기를 기도하며 살았습니다.

사랑을 제대로 배우지 못했으니 관계에서도 마찬가지였습니다. 저는 언제나 방어막을 쌓고, 제 안의 어둠을 감추기 바빴습니다. 환상 속에서 사랑을 시작했다가 상대가 제 기준에서 벗어나면 상처받고 실망하고 불안해했습니다. 제가 그간 경험했던 것은 사랑이 아니라 환상이었습니다. 저에게 부모님을 이해하라고 쉽게 이야기하지 않았으면 좋겠습니다. 저는 이제 서로를 채워주고 진짜 사랑을 나눌 수 있는 사람을 만나고 싶습니다.

나중에 생각해보니, 제가 진성 님을 이해하지 못한 것은 진성 님을 제 입장에서만 바라보았기 때문이었습니다. 그래서 진성 님을 떠올릴 때마다 부끄러운 생각이 들었습니다.

상대방을 100퍼센트 이해할 수 있는 사람은 아무도 없습니다. 그러니 무조건 이해하려 하지 않아도 됩니다. 이해할 수도 없습니다. 대신 우리가 어떤 이유로도 누군가를 함부로 비판하거나 비난할 자격이 없다는 것을 알아야 합니다. 사람에게는 모두 그 사람만의 사연이 있기 때문입니다.

인정과 용서로 치유하기

삶이란 자신에게 닥친 상황과 문제를 인식하고 인정하고 수정해가는 과정입니다. 냉정하게 자신의 삶을 돌아보면 잘 한 일보다 잘 못한 일, 최선을 다하지 못한 일, 남의 기분에 맞추려 자기 자신을 잃어가던 모습이 많을 것입니다.

인정이란 내 삶에 대한 나의 반응입니다.

상대에게 인정받으려는 것은 내 선택권을 상대에게 주는 것입니다.

내가 나를 인정하는 것은 내 선택을 내가 책임을 지는 것입니다.

내게 주어진 환경 속에서 내가 주인공이 되는 것입니다.
힘들 수 있습니다. 외로울 수 있습니다. 하지만 우리는 내 생각과 말, 그리고 내 움직임으로 살아가야 합니다. 누가 대신 살아줄 수 없는 인생이기에 내가 살아내야 합니다.

용서한다는 것은 내게 잘못한 사람을 봐주자는 것이 아닙니다. 용서는 잘못을 묵인하거나 법정의무를 저버리는 것 또한 아닙니다. 용서는 그 사람에게서 해방되는 것입니다.

KBS 다큐멘터리 〈마음〉에서 스탠퍼드대학의 프레드 러스킨Fred Luskin 교수는 "용서는 가슴속에 있고 화해는 관계 속에 있다"라고 했습니다. 러스킨 교수는 부부 사이에서 배우자가 외도했다고 가정했을 때, 가정으로 돌아온 배우자를 받아주었지만 배우자에 대한 분노가 가득 차 있다면 용서하지 않고 화해한 상태라고 합니다. 반면, 용서는 했지만 결혼 생활을 유지할 수 없어 배우자의 행복을 빌어주며 친구로 지낸다면 화해하지 않고 용서한 상태라고 합니다. 용서한다는 것은 '나'를 위한 것이고, 화해한다는 것은 '관계'를 위한 것입니다.

상처를 받은 많은 사람과 상담하다 보면 저의 한계를 느낍니다. 제가 할 수 있는 것은 위로해주고 들어주는 것이 전부입니다. 저는 그들에게 "그런데도 당신은 당신이기에 소중한 사람입니다"라고 꼭 이야기해줍니다.

수많은 사람과 이야기를 나누고 고민을 듣다 보면 부모님이 떠오릅니다. 어린 시절의 저는 불만도 많았고 투정도 많이 부렸습니다. 5남매여서 형제간에 경쟁도 심했고, 싸울 때도 많았습니다. 아버지는 힘드셨을 텐데 우리를 위해 묵묵하게 일하셨습니다. 어머니도 5남매를 키우시면서 많이 힘들고 아프셨습니다. 어머니의 온몸에 고통의 흔적이 남아 있습니다. 하지만 그렇게 힘들게 살아오신 부모님도 저희 앞에서는 항상 강하고 긍정적이셨습니다. 그 시절에 제가 아버지고, 어머니였다면 어떠했을까? 생각해보면 자신 없고, 부끄러워집니다.

그래서 저는 제가 부모님께 받았던 사랑을 나누고자, 그리고 상처 때문에 힘들어하는 모든 분께 조금이나마 도움 되기를 바라는 마음에 펜을 들었습니다. 이 시대를 함께 살아가는 우리들의 이야기가 조금이나마 힘이 되었으면 합니다. 위로가 되고 응원이 되었으면 합니다.

세상에 문제아는 없습니다. 상처만 있을 뿐입니다.

당신은 당신이기에 소중하고, 충분히 사랑받을 사람입니다.

에필로그

응원합니다. 위로합니다

"제 손으로 싼 김밥을 갖고 아버지와 잔디밭에 가는 것입니다."

"고향에 가서 자그마한 만화방을 운영하겠습니다."

"아들이 복무하는 군부대에 가서 공연하겠습니다."

재소자들의 꿈을 들어보면 하나같이 소박합니다.

어떤 재소자는 교도소에 있어서 행복하다는 이해하기 힘든 말을 합니다.

"전 이곳에 있어서 행복합니다. 이유는 3가지입니다. 첫 번째는 건강입니다. 전 밖에 있을 때 돈을 벌려고 혈안이 되어 있어 1년에 한두 번은 꼭 쓰러져 병원에 실려 갔습니다. 하지만 여기 온 지 3년째인데 한 번도 쓰러지지 않았습니다. 건강의 소중함을 알아서 행복합니다. 두 번째는 꼬박꼬박 면회 오는 가족이 있어서 행복합니다. 마지막으로, 제 이야기를 들어주는 소중한 친구가 있어서 행복합니다."

누군가에게 당연한 것이 누군가에게는 소중한 꿈일 수 있습니다.
내게 불필요한 것이 누군가에게는 간절할 수 있습니다.
환경이 좋고 나쁘다는 기준이 과연 있을까요?
언제까지 우리는 세상의 판단 기준에 맞추어야 할까요?
이젠 그만 힘들어도 되지 않을까요?
내가 당했으니 너도 당해야 하는 이유가 있을까요?
감추고 싶었던 나의 이야기가 누군가에게 희망이고 응원이고
용기가 되어준다면, 상처는 상처로만 남아 있지 않을 것입니다.
이해하는 만큼 들어줄 수 있고 경험한 만큼 안아줄 수 있습니다.
저는 사람들을 만나 이야기를 들어주는 사람입니다.
그들은 하고 싶은 말이 많았고, 들어줄 사람이 필요했습니다.
상처는 넘쳐났고, 열등감은 날카로웠고, 자존감은 바닥이었습니다.
사회적 판단을 기준으로 삼으면서
칭찬받으려고 배려하고,
눈치 보며 따라 웃고,
상처를 감추며 잘 살고 있다고 말합니다.

저는 그들 사이에서 제 존재 이유를찾았습니다.
그들의 이야기는 저를 돌아보게 했고,
그들의 상처는 제가 해야 할 일을 알게 했습니다.
그들의 열등감은 저의 열등감이었으며,
그들의 자존감은 저의 자존심이었습니다.
논리적인 이론보다 누군가의 이야기가
내가 찾는 정답일 때가 있습니다.
주변의 조언을 따르기보다 끌리는 대로 간 길이
내 길일 수 있습니다.
힘들다고 말하는 것이 창피하지 않다는 것을 알게 될 때
우리는 용기를 얻고,
따뜻한 눈빛으로 내 이야기를 들어주는
누군가가 있음을 알 때 희망을 봅니다.
저는 꼭 알려주고 싶습니다.
내가 가는 길이 내 잘못이 아님을,
내 상처가 내 잘못이 아님을,
내 감정이 내 것이 아닐 때도 있음을요.
당신은 그 누구도 대체 불가능한 소중한 존재이며
70억 인구 중에 유일한 사람이라

비교 대상이 존재하지 않는다는 사실을
알려주고 싶었습니다.
인생은 자신의 달란트를 찾아가는 여행입니다.
힘들어 쓰러지고 돌부리에 걸려 넘어져도,
우리는 거기에서 일어나야 하는 이유를 찾을 수 있습니다.
고난은 우리에게 메시지를 보내줍니다.
그렇기에 희망을 품고
자신을 안아주고, 위로하고, 응원해주기를 바랍니다.
그 누가 뭐라 해도,
당신은 당신이기에 소중합니다.

왜 나만 착하게 살아야 해

초판 1쇄 2020년 1월 16일 펴냄

초판 3쇄 2021년 12월 24일 펴냄

지은이 | 김승환

펴낸이 | 이태준

기획 | 엔터스코리아(책쓰기 브랜딩스쿨)

기획·편집 | 박상문, 고여림

디자인 | 최진영

관리 | 최수향

인쇄·제본 | (주)삼신문화

펴낸곳 | 북카라반

출판등록 | 제17-332호 2002년 10월 18일

주소 | 04037 서울시 마포구 양화로7길 6-16 서교제일빌딩 3층

전화 | 02-325-6364

팩스 | 02-474-1413

www.inmul.co.kr | cntbooks@gmail.com

ISBN 979-11-6005-077-6 03190

값 15,000원

북카라반은 도서출판 문화유람의 브랜드입니다.

이 도서의 국립중앙도서관 출판시도서목록(CIP)은 서지정보유통지원시스템 홈페이지(http://seoji.nl.go.kr)와 국가자료공동목록시스템(http://www.nl.go.kr/kolisnet)에서 이용하실 수 있습니다. (CIP제어번호: CIP2019053462)